전공은 안 했지만
영화는 만들었습니다

전공은 안 했지만
영화는 만들었습니다

**서울독립영화제 2024
페스티벌 초이스 부문 상영작 선정
단편영화 <근본 없는 영화> 제작기**

제24회 필름게이트 제작 지원작
2024 경기콘텐츠 진흥원
디지털 콘텐츠 사업화 지원 선정

허자영 ◐ 박윤우 지음

사이다
preneur

목차

프롤로그 ○ 6

Part 1
단편영화의 문을 두드리다

01. 스타트업 직장인 ○ 12
02. 첫 인상 ○ 17
03. 그들만의 대화 : "차라리 군대 이야기를 해" ○ 21
04. 주제 의식과 메시지? ○ 25
05. 퇴사 ○ 31
06. 나와 우리의 이야기, 웹드라마 <공시생> ○ 37
07. 단편 영화에 도전할 결심 ○ 44

Part 2
한 줄로 마음을 움직이다

01. 단편 영화 제작 지원 사업 도전 ○ 50
02. 장르 : 영화의 결을 정하다 ○ 54
03. 로그라인 : 한 문장에 담긴 모든 것 ○ 58
04. 기획 의도 : 내가 바라보는 세상 ○ 65
05. 주요 인물 : 캐릭터 내면의 이야기 ○ 70
06. 줄거리 : 이야기는 이렇게 흐른다 ○ 74
07. 1차 합격의 순간 ○ 79
08. 기획안 완성 ○ 81

Part 3
시나리오로 그리는 세상

01. 자기소개서 : 나를 글로 표현하는 법 ◦ 88
02. 캐릭터 아크 : 인물의 변화를 그리다 ◦ 95
03. 도발적 사건 : 이야기의 물꼬를 트다 ◦ 99
04. 미드포인트 : 갈림길에 선 순간 ◦ 103
05. 시나리오 완성 ◦ 109

Part 4
단편영화, 상상에서 현실이 되는 순간

01. 단편 영화 연출은 무엇일까? ◦ 140
02. 촬영 방식을 통한 연출 ◦ 143
03. 화면 비율을 통한 연출 ◦ 146
04. 색감으로 완성된 장면 ◦ 150
05. 펀딩 : 영화의 날개를 달다 ◦ 152
06. 배급 : 관객을 만나는 마지막 단계 ◦ 156

프롤로그

공부를 잘하지 못했던 나는 공부에 대한 열등감이 있었다. 잘하는 것에 집중해도 모자랄 판에 못 하는 것을 극복하기 위해 공무원 시험에 도전했지만 실패했다. 무언가에 오랫동안 도전을 해보니 실패하면 남는 게 없다는 생각에 우울하고 내가 한심했었다.

그런데 수많은 책, 드라마, 영화에서 무언가에 도전해서 실패한 것은 하나의 경험이라고 했다. 그렇다면 공무원에 도전한 것을 이야기로 만들어보면 어떨까? 이러한 작은 욕망이 나를 여기까지 이끌었던 것 같다.

단순한 욕망으로 시작한 작품 활동이 이제는 나에게는 뭔가 성과를 내서 열심히 해야 되는 일로 변한 게 신기하다.

처음 작품 활동을 할 때는 학부 시절부터 하고 싶어서 영화 쪽을 선택한 사람들이 주변에 많았다. 그러다 보니 자연스럽게 나는 비전공자라는 것이 열등감으로 작용하게 되었다.

열등감 때문에 학교에서 경험하지 못한 것들을 짧은 시간 안에 경험하고 성과를 내기 위해 아등바등했던 시간이 스쳐 지나간다. 영화의 제작 과정과 더불어 비전공자에게 도움이 될 만한 이야기들을 써 내려가 보려고 한다.

누구나 영화 같은 이야기 하나쯤은 있지 않은가? 영화로 만들긴 어려워도 못 할 일은 아니다.

'사람 일은 아무도 모른다'라는 말이 새삼 떠오르는 오늘이다. 어쩌다 보니 근 10년 만에 단편 영화에 도전할 기회가 생겼고, 그 영화의 제작기를 책으로 출판까지 하게 된다니. 대학을 졸업하고 생계를 위해 영화라는 단어를 마음속 책장 한

구석에 처박아놓았던 나에게 요즘은 정말 한 편의 영화 같은 나날들이다.

비록 대학 시절 영화를 잠깐 공부해 보긴 했지만, 깊이는 얄팍했고 워낙 오래 전의 일이라 실상 지금의 나는 영화를 전공하지 않은 비전공자와 다를 바 없다고 느껴진다. 그렇기에 내가 어떻게 영화를 만들었는지 누군가와 나눌 자격이 있는가에 대해 한편으로 회의감이 들었던 것도 사실이다. 그런데도 내가 이 책에 저자로 참여하게 된 결정적 이유는 세상에 나와 같은 사람이 의외로 많으리라 생각하기 때문이다.

영화를 어느 정도 알고는 있지만 그렇다고 전공자들만큼 잘 안다고 할 수 없고, 왜 다시 영화를 만들어보고 싶은지 명확히 설명할 수는 없으나 언젠간 다시 도전해 보고 말리라는 막연한 생각은 가지고 있는 이들. 그런 이들에게 10년 만에 단편 영화에 도전하게 된 내 미약한 경험이 조금이나마 도움이 되었으면 하는 게 작은 바람이다. 분명 영화를 잊고 지냈던 시간이 오래되어 자신의 영화 감각이 이전보다 무뎌지지 않았는지 걱정하는 이들도 있을 것이다. 마치 나처럼 말이다. 그런 이에게 힘이 될 수 있는 이야기를 하며 프롤로그를 마치고 싶다. 그때와는 다르게 분명 지금은 새롭게 보이는 풍경이 있다.

Part 1
단편 영화의 문을 두드리다

01. 스타트업 직장인

2017년. 나는 3년간 준비한 공무원 시험을 그만뒀다. 주변의 누군가는 내 결정이 너무 대책 없다고 걱정하기도 했다. 어느 정도 맞는 말이다. 나는 공시를 포기하고 뭘 해야 할지 명확한 계획이 없었다. 그 당시에는 포기할 수 있는 용기를 가지는 것만으로도 크나큰 도전이었다. 세상과 단절된 3년이라는 시간이 나에게 어떤 영향을 미칠지 알지 못한 채 말이다.

당연하게도 공무원을 준비한 3년이라는 시간은 사회에서 인정받을 수 없었다. 결국 나는 경력 없이 나이만 많은 취업 준비생이 된 셈이었다. 심지어 취업 준비조차 해본 적이 없는 왕초보 취업 준비생. 막막했다. 3년이라는 공백 때문에 일반적인 취업 준비생과 같은 방식으로 경쟁하는 게 쉽지 않아 보였다. 나에게는 누군가의 후기가 필요했다. 공무원 시험에 합격한 합격생들의 후기처럼 공무원 시험에 불합격한 학생들이 어떻게 사회에 진출할 수 있는지에 대한 후기. 하지만 실패한 사람들의 후기는 어디에서도 찾기 힘들었다. 실패한 사람들이 지금 어디에서 어떻게 지내고 있는지 알리고 싶어 하는 사람도, 알고 싶어 하는 사람도 없었다.

나는 그들의 후기가 무척 궁금했다. 일찍 실패를 경험한 그들의 후기는 나뿐만 아니라 앞으로 실패를 경험할 누군가에게 건네는 위로이자 새로운 이정표가 될 수 있다고 생각했다. 그렇게 나는 임용고시 준비, 취업 준비, 인턴, 백수 등 자기 삶의 어떤 과정에 있는 사람들을 기록하기 시작했다. 그리고 이들과의 인터뷰를 <너만의 이야기를 들려줘>라는 이름으로 브런치에 연재했다. 인터뷰를 통해 나는 용기를 얻기도 하고, 응원을 받기도 했다. 평범하다고 생각했던 사람들이 인터뷰로 정리된 자신의 삶을 보면서 용기를 얻는 모습이 뭉클했다.

인터뷰 덕분에 나는 스타트업 콘텐츠 팀의 작가로 취업

하게 되었다. 아르바이트하려고 지원서를 넣었는데 스타트업 대표님께서 인터뷰가 인상 깊으셨는지 작가 포지션으로 취업 제안을 하셨다. 궁금증을 해소하기 위한 인터뷰가 포트폴리오가 되어 취업까지 이어지다니! 아이러니했지만 그때는 무척이나 행복했다. 마치 인생의 가시밭길을 지나 행복한 꽃길이 펼쳐진 듯했다.

2013년. 나는 영화과를 졸업하고 영화감독이 되기 위해 장편 시나리오를 준비하고 있었다. 말이 좋아 영화감독 지망생이지 사실상 백수였다. 느지막하게 일어나 카페에서 노트북을 펴고 인터넷 서핑을 하다가 집에 돌아오는 게 일과였으니 말이다.

하지만 나의 백수 생활은 내 의지와 상관없이 끝이 났다. 아버지의 사업이 망했고, 우리 가족은 원래 살던 아파트에서 반지하 원룸으로 이사했다. 이사 첫날. 아버지, 어머니, 나, 여동생은 몇십 년 만에 처음으로 같은 방에서 옹기종기 이불을 깔고 잠을 청했다. 바닥에 누워 반지하의 창살로 들어오는 달빛을 보며 더 이상 시나리오를 쓴다는 것이 사치라고 느껴졌다. 내가 시나리오를 일찍 포기하고 취직했다면 우리 가족이 이런 곳에 내몰리지는 않았을 텐데. 시나리오에 집착하고 있었던 그동안의 시간이 후회스러웠다.

2015년. 나는 한 중견 콘텐츠 회사에 PD로 취업하여 영유아들을 대상으로 한 콘텐츠 제작을 담당하게 되었다. 당시 '캐리와 장난감 친구들'이라는 영유아 콘텐츠가 유튜브에서 아이들에게 선풍적인 인기를 끌었고, 내가 입사한 회사에서도 이와 유사한 콘텐츠를 제작 준비 중이었다. 지금 돌이켜 보면 치기 어리다는 생각이 들지만 당시 나는 자존심이 상했다. 멋진 영화배우들과 프로페셔널한 스태프들이 만들어내는 영화가 아니라 고작 미러리스 카메라 몇 대로 다 큰 성인 배우들이 아이들을 흉내 내는 콘텐츠를 제작하고 있다는 현실을 받아들이기 힘들었다.

2017년. 회사의 부도로 대규모 구조조정이 시작되었고 돈을 벌어오는 부서보다는 돈을 쓰는 부서들 중심으로 인력들이 잘려 나갔다. 내가 속한 콘텐츠 제작팀은 돈을 벌기보다는 쓰는 부서에 가까웠기 때문에 콘텐츠 팀 PD인 나도 자연스럽게 퇴사 절차를 밟게 되었다. 실업 급여를 받으며 한동안 쉬고 싶었지만 집안 사정이 좋지 않았다. 실업 급여는 내가 원래 받던 급여의 70% 수준이었기에 그 금액으로는 네 명의 가족이 먹고 살기 빠듯했다. 어쩔 수 없이 급하게 이직할 회사를 찾았다. 꼭 큰 회사가 아니어도 좋으니 창작의 자율성이 보장되는 회사면 좋겠다는 생각에 스타트업 콘텐츠 팀의 팀장으로 입사하게 되었다. 이곳에서 나보다 몇 달 앞서 채용된 팀원 자영 작가님을 만났다.

02. 첫인상

나는 스타트업에서 수습 기간 3개월을 걸쳐 정규직 계약을 하기로 했었다. 처음에 면접 봤을 때는 '나도 이 회사를 알아봐야 하니까 수습 기간이 필요하다'라며 당돌하게 얘기했었는데, 그 수습 기간이 지옥의 기간이 될 줄은 꿈에도 모르고 있었다.

스타트업은 사업을 확장하면서 콘텐츠 팀을 만들었고, 그때 제일 처음 콘텐츠 팀으로 채용한 사원이 완전 초짜 신입인 나였다. 이 상황만 들어도 내가 얼마나 힘들었을지 경력자들은 알 것이다. 아무것도 모르는 비전공자 출신에다가 신입사원인데 임시 책임자를 맡는 무시무시한 경험을 3개월 동안 했다.

내가 성장할 수 있는 회사가 아닌 것 같아서 퇴사를 결심했다. 그 사이에 콘텐츠팀 팀장으로 들어온 PD가 윤우 감독님이었다. 나는 회사에 회의를 느끼고 있었기에 윤우 감독님에게 회사를 그만둘 것 같다고 말했다. 그러자 감독님은 이렇게 답했다. "이직해서 갈 곳이 있어? 그냥 이직하지 말고 나한테 배워. 웬만한 곳 가서 배우는 것보다 나한테 배우는 게 더 나아."

지금은 '뭐야. 허세 부렸네'라며 감독님을 놀리지만, 그때는 거들먹거리는 허세로 느껴지지 않았다. 사실 공시를 그만두고 깜깜한 터널을 걸어가고 있다고 생각했는데 그 말이 나에게 한 줄기 빛으로 느껴졌다.

나는 굳세게 다짐했다. 퇴사하지 않고 감독님께 잘 배워보기로. 사회에서 나를 가르쳐준다는 사람을 만날 확률이 낮을 것 같다는 생각이 들었고 '저 사람의 장점을 다 흡수해 보자'라며 의지를 다잡았다.

그렇게 나는 동아줄을 잡고 벼랑 끝에 서 있을 수 있다는 생각에 감사한 마음으로 작가로서 일을 시작했다. 지금 돌이켜보니 작가가 무슨 일을 하는지 정확하게 몰랐기 때문에 시작할 수 있었지 않았나 싶다.

아이러니하게도 내가 자영 작가님의 퇴사를 만류한 이유는 그녀가 전공지식 관련해서 정말 아무것도 모르는 새하얀 백지 같은 상태였기 때문이다.

자영 작가님이 전공지식이 없어서 오히려 가르치기 좋겠다는 생각이 들었다. 그 당시만 해도 나는 비록 직장을 다니고 있지만 아티스트로서의 정체성이 명확해서 직장에서 영상을 만들더라도 영화처럼 주제 의식과 메시지가 담긴 작품을 만들어야 한다는 강박을 가지고 있었다. 하지만 일반적인 직장인들은 이러한 나의 가치관을 이해하지 못했기에 같이 일을 하며 나는 종종 그들과 트러블을 겪었다. 그렇기에 자영 작가님을 아티스트로 성장시킨다면 그녀는 나의 가치관을 이해하는 든든한 동료가 되어 줄 거라 믿었다.

다행스럽게도 표면적(?)으로 자영 작가님은 나의 교육을 잘 따라와 주었고, 예상보다 훨씬 창의적이고 새로운 시각을 보여주며 작가로서 성장하기 시작했다. 하지만 자영 작가님의 성장은 한편으로 나에게 독이 되었다. 그녀의 성장을 보며 영화를 기본 바탕으로 콘텐츠에 접근하는 나의 시각이 절대적으로 옳다는 그릇된 확신이 더욱 깊어졌기 때문이다.

03. 그들만의 대화 : "차라리 군대 이야기를 해"

콘텐츠 팀을 꾸린 지 얼마 안 돼서 서로 친해지지 않았을 시기. 난 또 외톨이가 된 기분이었다. 우리 팀에는 윤우 감독님, 나, 그리고 다른 팀원 3명이 더 있었다. 그중에 감독님을 포함해서 3명이나 영화과 출신이었고, 나머지 사람도 굉장히 영화에 조예가 깊었다. 이들은 업무를 하지 않는 자투리 시간에 늘 영화에 관한 이야기를 나누곤 했다.

따라서 나는 팀원들과 점심시간이나 커피를 마실 때 같이 이야기할 공감대가 없었다. 비전공자인 나는 영화 현장 경험도 없고, 단편 영화를 찍어보지도, 심지어 이들이 말하는 작품성이 있다고 평가받는 영화를 본 적도 없었다. 물론 처음에는 '회사는 친구 만들러 오는 곳이 아니다'라며 나 혼자 정신승리를 했다. 그런데 은근히 공동 관심사를 가진 이들이 부러웠다. 같이 껴서 재밌게 이야기 나누고 싶은데…

나는 왜 이들이 이토록 영화에 목을 매는지 알기 어려웠고 그렇게 대화에 소외된 상태로 속절없이 시간은 흘러갔다. 어느 순간 나는 영화라는 매체에 대한 반감이 생겼다. 영화라는 게 도대체 뭐기에 저 사람들은 저렇게 멋지다고 생각할까? 의문이 들었다. 심지어 우리 회사는 영화와는 거리가 먼 사업을 하는 회사였고, 우리 팀은 스포츠와 관련된 방송 콘텐츠를 만들고 있는 부서였다. 영화 이야기를 한다고 월급을 더 주는 것도 아니고, 업무 능력 향상에 도움이 되는 이야기는 더더욱 아니었다. 그렇다고 영화 이야기가 재미가 있냐고 묻는다면 나의 대답은 이렇다. 한마디로 최악! 적어도 내겐 남자들이 군대에서 축구한 이야기보다 재미없는 이야기가 영화 이야기였다.

영화를 전공했지만 영화를 떠난 사람들이 왜 아직도 쉽

없이 영화 이야기를 하느냐고 묻는다면 내 생각에는 이렇다. 그들은 아직도 영화에 대한 미련을 버리지 못했다. 여전히 그리고 아직도 그들은 영화를 해보고 싶은 마음이 굴뚝같다. 다만 현재 각자의 사정으로 영화를 하지 못하는 현실이 아쉬울 뿐이다. 왜냐하면 적어도 그 당시 나와 팀원들의 마음이 그러했으니까 말이다.

나와 영화를 전공한 팀원들은 영화를 하지 못하는 아쉬움을 시간이 날 때마다 온갖 영화에 대해서 떠들어댐으로써 해소했다. 영화에 대해서 떠드는 행위는 영화 만드는 행위보다 훨씬 쉽고 재밌었다. 물론 화두는 상업적인 영화보다 예술적인 영화가 주를 이루었다. 모름지기 누구나 쉽고 재밌게 볼 수 있는 영화는 깊이가 떨어지는 법. 각자의 해석으로 영화를 분석하고 감독이 말하고자 하는 바를 추출하는 것이 진정한 영화 전공자가 가져야 할 토론의 자세라고 믿었다. 지금 되돌아보면 참 유치찬란한 사고방식이다.

물론 개똥철학을 가지고 영화에 대해서 자유롭게 떠드는

것이 그리 나쁘다고 생각하지는 않는다. 대한민국에는 표현의 자유가 있고, 각자의 가치관으로 정치, 사회, 문화에 대해서 자유롭게 이야기를 나누는 것은 오히려 권장해야 할 일이다. 다만 자신의 가치관을 지나치게 신봉하고 그 가치관에 따라 모든 일의 옳고 그름을 따지기 시작하면 문제가 시작된다.

내 경우도 그러했다. 그 당시 나는 예술 영화의 신봉자였기에 모든 콘텐츠는 예술 영화처럼 어떠한 사회적, 문화적 의미를 지녀야 한다고 믿었다. 그렇기에 단순히 재미만을 추구하거나 사회, 문화적 의미를 찾기 어려운 콘텐츠의 가치를 깎아내렸다. 그러한 독선적인 재단은 당연히 문제가 되었다. 왜냐하면 콘텐츠 팀의 팀장으로서 팀원들의 기획과 아이디어를 이러한 기준으로 평가했기 때문이다. 물론 자영 작가님에게는 더욱 엄격한 잣대를 들이밀기 시작했다.

04. 주제 의식과 메시지?

당시 회사에서는 볼링 토크 콘텐츠를 만들고 있었다. 출연한 프로 볼링 선수들의 근황과 그들의 볼링 노하우를 전달하는 것이 콘텐츠의 주요 내용이었다. 작가인 나의 업무는 출연하는 볼링 프로 선수들을 사전에 인터뷰하고 어떤 이야기를 방송에 내보내면 좋을지 구성안을 작성하는 것이었다. 물론 아무것도 모르는 신입 작가 시절. 선수들의 사전 인터뷰만 문제없이 진행하고 인터뷰 내용을 정리하면 감독님에게 칭찬받았다. 그 인터뷰 내용을 바탕으로 손쉽게 구성안을 작성하는 감독님을 보며 구성안 작성이 그리 어렵지 않은 일이라 생각했다.

그렇게 시간이 흘러 어느새 내가 직접 구성안을 담당해야 하는 시간이 왔고, 나는 감독님에게 혹독한 피드백을 받았다. '도대체 구성안이 무슨 이야기를 전달하고 싶은 건지 모르겠다.' '사람에 대해서 기본적인 관심이 없어 보인다.' '성과 만능주의에 찌든 게 아니냐.' 사실 처음에는 피드백이 인신공격 같았고 이해가 되지 않아서 받아들이기 어려웠다. 나는 개인 면담을 요청했고 그제야 감독님이 하고자 하는 말을 이해할 수 있었다.

그때 내가 인터뷰한 프로 선수는 10대에 청소년 국가대표에 발탁되어 여러 대회에서 좋은 성적을 내는 전도유망한 선수였다. 그래서 나는 선수의 주목할 만한 성적 위주로 구성안을 작성했다. 혼자 작성한 첫 구성안이지만 다시 읽어봐도 나쁘지 않아 보였고 무척이나 뿌듯했다.

하지만 감독님의 시각은 달랐다. 성적 위주로 선수의 이야기를 풀어내면 그 선수의 성장 과정과 노력이 주목받지 못하고, 그렇게 되면 선수의 인간적인 매력이 잘 드러나지 않을 뿐더러 우리 콘텐츠가 마치 성적 지상주의의 가치관을 추구하는 것처럼 보인다. 적어도 우리는 콘텐츠를 통해 노력하는 사람이 좋은 성적을 거두고 성적보다는 과정과 노력이 더 중요하다는 주제 의식과 메시지를 전해야 하지 않겠냐며 감독님은 열변을 토했다.

결국 감독님이 구성안을 수정했고, 내가 보기에도 인정할 수밖에 없을 만큼 훨씬 매끄럽고 휴머니즘이 담긴 훌륭한 구성안으로 변모했다. 하지만 나는 한편으로 조그마한 의문이 생겼다. 사실 내가 보기에 그 선수는 타고난 천재였다. 물론 노력과 과정이 있었겠지만 나이에 비해서 압도적인 성적을 낼 수 있는 이유는 탁월한 신체 조건과 재능의 역할이 큰 것도 맞았다. 감독님을 이해할 수 있지만 한편으로 이해하기 어려웠다. 정말 주제 의식과 메시지를 위해서 특정 부분을 강조하는 게 맞을까? 그만큼 주제 의식과 메시지는 중요할까?

주제 의식과 메시지. 직장인 신분임에도 내가 여전히 포기할 수 없는 가치관이었다. 지금 돌이켜보면 알량한 자존감을 지키려는 몸부림이지 않았나 싶다. 가족을 부양하기 위해 어쩔 수 없이 직장을 다니고 있지만 나는 여전히 영화의 꿈을 놓고 있지 않다. 나는 일반 직장인과 다르다.

주제 의식과 메시지를 부여하려는 게 나쁘다는 의미는 아니다. 의외로 많은 콘텐츠는 주제 의식과 메시지를 담고 있다. 가장 객관적인 뉴스나 신문 기사도 주제 의식과 메시지를 담고 있다. 흉악한 범죄 사건들에 대한 보도는 이러한 범죄들이 재발하지 않아야 한다는 주제 의식이 깔려있고, 사회 제도의 부조리를 고발하는 신문 기사는 더 건강한 사회를 만들어 나가자는 메시지를 담고 있다.

지금 생각해 보면 균형을 조절하지 못한 것이 문제라는 생각이 든다. 창작자의 주제 의식과 메시지만큼 독자 혹은 시청자들의 해석과 판단도 존중받을 필요가 있다. 창작자가 콘텐츠에 너무 일방적으로 주제 의식과 메시지를 담는다면 어쩌면 콘텐츠를 소비하는 사람들은 잘못된 사실이나 왜곡된 시선을 창작자의 의도대로 여과 없이 받아들일 확률이 높기 때문이다.

결국 콘텐츠 소비자들의 해석과 판단을 해치지 않을 정도의 주제 의식과 메시지를 담는 게 균형인데, 나는 이러한 균형감각이 부족했다. 원인은 자의식 과잉. 콘텐츠 소비자들의 해석에 대한 존중과 배려가 없었다.

특히 영화라는 매체는 나의 자의식을 과잉 시키는 데 지대한 영향을 주었다. 흔히 감독의 예술이라 불리는 영화는 감독이 어떻게 세상을 바라보는지가 굉장히 중요한 매체다. 특히 예술 영화에서는 더더욱 그러하다. 감독의 시선을 기반으로 시나리오가 작성되고, 카메라의 앵글이 결정되고, 배우들의 연기가 결정된다. 이런 요소들이 잘 조화되면 훌륭한 작품이 된다. 이렇듯 영화가 감독 중심의 프로세스기에 영화가 잘 되면 감독의 공, 잘못되면 감독의 탓이 되는 듯하다.

이야기가 잠시 옆으로 샜는데, 그 당시 나는 주제 의식과 메시지에 대한 자영 작가님의 의문을 한 귀로 듣고 한 귀로 흘렸다. 나는 그야말로 불치병에 걸려있었다. 콘텐츠에 주제 의식과 메시지를 강박적으로 담아야 한다는 영화감독 병.

05. 퇴사

2019년 말. 윤우 감독님이 갑작스럽게 퇴사를 결정했다. 당황스러웠다. 작가로서 적응하는데 우여곡절이 있었지만 일을 하는 동안 보람과 성취를 느꼈다. 덕분에 공무원 시험에 실패했다는 좌절감에서 벗어날 수 있었는데 너무 갑작스러운 소식이었다. 심지어 우리 팀이 만들고 있는 콘텐츠는 시청자들에게 제법 반응이 좋았고, 방송국에서 우리 콘텐츠를 정규편성 해주겠다고 제안할 정도였다.

감독님께 퇴사 이유를 물어보았다. 감독님은 회사로부터 현재 우리가 만들고 있는 콘텐츠를 중단하라는 통보를 받았다고 한다. 회사의 사업 방향이 달라졌고, 현재 우리가 만들고 있는 콘텐츠는 돈이 되지 않는다고 했다. 감독님은 회사의 결정을 받아들이기 힘들어했다. 회사의 방향성에 맞는 신규 콘텐츠에 자신을 맞추기보다 퇴사를 선택했다.

 몇 달 지나지 않아 회사에서 콘텐츠 팀 자체가 해체되었다. 팀장이 없는 신규 콘텐츠는 갈 길을 잃었고, 회사는 콘텐츠보다는 사업 자체에 집중하기로 한 듯 보였다. 회사에서 퇴사한 감독님에게 잘 지내고 있는지 안부를 물었다. 이직해서 다른 회사에 다니고 있을 줄 알았던 감독님은 백수 생활을 만끽하고 있었다. 감독님의 아버님이 늦은 나이에 새로운 직장을 구하게 되면서 본인이 여유를 가지고 이직을 결정할 수 있는 상황이 되었다고 한다.

 공시를 그만두고 회사를 구하던 시절의 내가 떠올랐다. 지금보다 더 막막했던 그때. 나는 앞서 언급했듯이 나와 같은 처지인 사람들을 인터뷰했었다. 문득 이런 생각이 들었다. 이제 인터뷰뿐만 아니라 영상을 만들 수 있는 능력이 생겼으니까 그때의 나, 그리고 함께 인터뷰했던 사람들의 이야기를 영상 콘텐츠로 만들어보면 어떨까? 소재는 공무원 시험을 포기한 사람들의 이야기. 주제 의식과 메시지? 글쎄. 일단 당장은 생각이 나지 않았지만 아이디어를 감독님에게 전달했다.

공무원 시험을 준비했던 자영 작가님의 경험담과 공무원 시험을 준비했던 사람들의 사연을 합쳐서 콘텐츠를 만들어 보자고요? 그냥 일기는 일기장 쓰는 게 어때요? 부끄럽게도 자영 작가님의 아이디어를 듣고 처음 내가 한 말이다.

사실 나는 공무원 시험에 대해서 잘 몰랐다. 사람들이 왜 그렇게 공무원 시험에 목을 매는지도 잘 몰랐다. 현상도 사람도 이해하지 못하니 나로서는 콘텐츠로 공시생들의 이야기를 만들자는 자영 작가님의 아이디어에서 어떤 의미를 발견해야 할지 알 수 없었다.

그래도 조금이나마 자영 작가님을 이해해 보고자 하는 마음에 질문을 던졌다. "그런데 자영 작가님은 왜 공무원 시험에 도전하셨어요?" 자영 작가님은 대수롭지 않게 대답했다. 대학 졸업을 앞두고 딱히 뭘 해야 할지도 모르겠고, 공무원이 되면 부모님이 좋아하실 것 같아서 공무원 시험을 시작했다고 답변했다. 기대하지 않았지만 다소 실망스러운 답변. 작가님의 아이디어에 대한 설득력이 더 약해졌다.

"그럼 우리는 왜 이 이야기를 콘텐츠로 만들어야 하죠? 합격도 아니고 불합격한 공시생들의 이야기를 말이에요." 내가 다시 물었다. "대한민국에는 공무원 시험에 합격한 사람보다 불합격한 사람들이 많은데, 아무도 불합격한 사람들의 이야기는 해주지 않으니까요." 잠시 침묵이 흘렀다. 뭔가 이상한데 맞는 말이라 반박하기는 어려운 느낌.

조사해 보니 공무원 시험 합격률은 내 예상보다 훨씬 극악이었다. 합격률 1.8%. 10명 중 아홉 명은 공무원 시험에 불합격한 셈이었다. 그렇게 많은 사람이 공무원 시험에 불합격하는데 불합격한 사람들의 이야기는 쉽게 접할 수 없었다. 유튜브에서 활동하는 몇몇 크리에이터의 브이로그 정도에서만 불합격한 공시생들의 이야기를 들을 수 있었다. 나는 이런 의문이 들었다. 왜 영화나 드라마에서는 이 소재로 콘텐츠를 제작하지 않는 거지? 아마도 사람들이 아픈 기억을 굳이 콘텐츠로 봐야 할 필요성을 느끼지 못하는 걸까? 어느 정도 일리 있는 가설이긴 한데…

생각이 꼬리를 물다가 한 웹드라마가 생각났다. 제목은 <좋좋소>. 중소기업 직장생활을 리얼하게 그려 많은 시청자에게 인기를 얻은 웹드라마였다. 인기를 얻은 이유를 딱 한 가지만 꼽자면 대다수 사람이 공감할 수 있는 이야기란 점이다. 레거시 미디어에서 대기업, 광고대행사, 방송국 등 대기업 직장생활 이야기는 많지만, 사실 이런 직장에 다니는 사람들은 대한민국에서 몇 퍼센트 되지 않는 것이 현실. 오히려 대다수가 다니는 중소기업의 이야기를 신랄하게 했다는 점이 해당 작품이 지니는 가장 강력한 힘이었다.

며칠 후, 나는 자영 작가님의 아이디어로 웹드라마를 만들어보자고 제안했다. 주제 의식과 메시지는 잘 모르겠지만 <좋좋소>처럼 대한민국의 다수를 차지하고 있는 이야기라면 도전해 볼만한 가치가 있다는 생각이 들었다.

06. 나와 우리의 이야기, 웹드라마 〈공시생〉

자영

웹드라마 〈공시생〉의 시나리오 작업을 시작했다. 나는 웹드라마를 쓰기 전까지 시나리오를 써본 적이 없었다. 노희경 작가님의 『그들이 사는 세상』이라는 대본집을 가지고 있었던 터라 레이아웃을 아는 정도였다. 아무것도 모르는 내가 시나리오를 쓴다는 것 자체가 처음에는 신기하고 재미있었다. 나와 주변 사람들을 모티브로 한 주인공이 세상 밖으로 나올 수 있다는 것 자체에 꽂혔던 것 같다.

오히려 처음이라 용감할 수 있었던 탓일까. 조악한 시나리오였지만 생각보다 수월하게 완성했다. 하지만 모든 영상 제작에 가장 필수적인 요소는 머니 머니해도 머니(Money). 제작비를 마련하기 위해 콘텐츠 제작 지원 사업 관련 서류를 쓰기 시작하며 문제가 발생했다. 모든 콘텐츠 제작 지원 사업 서류가 그렇지만, 첫 장에는 기획 의도와 주제를 작성하게 되어있다. 헉! 감독님이 그렇게 입버릇처럼 말하던 주제 의식과 메시지?

나는 사실 웹드라마 시나리오를 쓰며 거창한 주제 의식과 메시지를 생각해 본 적이 없다. 오히려 꼭 콘텐츠에 주제 의식과 메시지가 있어야 하는지 의문을 가지고 있는 편이었다. 그렇기에 지원 사업 서류의 첫 장부터 무슨 말을 써야 할지 몰라 한동안 공백 상태를 유지하고 있었다. 이실직고하자면, 뭘 써야 할지 모르기도 했지만 그 서류를 작성하기 위해 없는 말을 지어내서 쓰는 게 올바른 방식인지 의문이 들었다. 뭔가 억지로 장황한 이야기를 나열하고 싶지 않았다.

그러다 문득 엄마한테 용돈을 받던 고등학교 시절이 떠올랐다. 여느 엄마와는 다르게 명분이 있어야 용돈을 주던 나의 엄마. 이 돈이 왜 필요한지, 이 돈으로 무엇을 할지, 명확하게 설명하지 못하면 엄마에게 용돈을 받지 못했다. 이렇게 말하면 뭔가 굉장히 냉혹한 엄마처럼 보이지만, 용돈이 필요한 이유를 명확하게 설명할 수만 있다면 아낌없이 내가 하고 싶은 것에 대해 아낌없이 지원한 훌륭한 분이다.

그래. 엄마한테 용돈을 받을 때도 명분이 필요한데, 하물며 남에게 제작 지원비를 받을 때 명분이 필요하지 않을 까닭이 없다. 나는 시나리오를 통해서 말하고 싶은 바를 곰곰이 생각해 보았다. 엄마에게 용돈을 받을 때와 마찬가지로 100퍼센트 진정성을 담을 필요는 없지만 어느 정도 솔직하고 꾸밈없는 나의 진심은 무엇일까?

고민 끝에 나온 주제 의식은 이러했다. '포기할 수 있는 용기도 용기다.' 나는 공무원 시험을 포기하고 가끔 나를 위로하기 위해 이런 생각을 하곤 했다. 공무원 시험에 도전하기 위해 큰 용기가 필요한 것처럼 공무원 시험을 포기하기 위해서도 큰 용기가 필요하다. 고로 나는 지금 큰 용기를 내서 제2의 인생에 도전하고 있다. 물론 감독님에게 말했던 것처럼 진로에 대한 뚜렷한 계획이 없어서 공무원 시험에 도전했지만, 그렇다고 공무원 시험 도전 자체를 만만하게 본 것은 아니다. 나뿐만 아니라 공무원 시험을 포기한 다른 친구도 같은 마음일 것이다.

'포기할 수 있는 용기도 용기다'라는 주제 의식. 솔직한 심정이지만 걱정이 되는 것도 사실이었다. 내 시나리오를 심사하는 건 나와 친한 가족이나 친척, 지인이 아니라 전혀 나에 대해서 모르는 심사위원이다. 만약 내가 심사위원이라면 이런 주제 의식을 가진 시나리오를 뽑아줄까? 글쎄, 그건 나도 잘 모르겠다.

웹드라마 <공시생>의 피칭을 위해 경기콘텐츠진흥원 최종 심사장을 방문했던 기억이 난다. 자영 작가님도 동행했지만, 발표는 내가 담당했다. 그래도 직장 생활 경험이 많은 내가 발표하는 게 나을 거라 판단했다. 발표를 마치고 심사위원들의 수많은 질문이 쏟아졌다.

너무 떨려서 기억이 다 나지는 않지만 질문들의 종착지는 결국 왜 이 웹드라마를 만들어야 하는지에 대한 답변이었다. 나름대로 열심히 설명했다. 대한민국 많은 청년이 겪고 있는 이야기고, 이 현상은 사회적으로 많은 관심을 가져야 하는 이야기라고 적극 어필했다.

하지만 당시 동행했던 자영 작가님의 말에 따르면 점점 심사장 분위기가 싸늘해지고 있었다고 한다. 심사위원들은 의외로 청년 문제에 관심이 많았고, 나는 심사위원들보다 청년 문제에 대한 정보와 논리가 빈약했다. 그렇게 암울한 그림자가 드리우고 있을 때, 마지막으로 한 심사위원이 질문했다. 요즘 청년들의 계급 사다리가 무너져서 고민하고 있는데 본 작품을 통해서 어떤 메시지를 던질 수 있죠?

멘탈이 반쯤 가출한 상태에서 나는 심사장 한쪽 구석에 앉아 있던 자영 작가를 바라보았다. 눈만 똥그랗게 뜨고 있는 자영 작가님. 별 뾰족한 답변이 있을 것 같지도 않았다. 어차피 발표를 망친 김에 자영 작가님이 할 법한 말들을 심사위원들에게 대신 전해보자는 생각이 들었다.

"시나리오를 쓰신 작가님이 실제 공시생 출신이고, 시나리오에 나오는 사연들도 다 실제 공시생들의 이야기입니다. 제가 작가님이랑 이분들을 대략 인터뷰해 봤는데요." 나는 포장하지 말고 있는 그대로 솔직하게 말해야겠다는 생각이 들었다.

"이분들은 계급 사다리 이런 거에 별로 관심이 없습니다. 그냥 졸업하고 당장 뭘 해야 할지 모르니까 다들 공무원 시험에 도전한 거고, 이제야 자기 꿈을 찾아보겠다고 공무원 시험 포기하고 새로운 도전을 하는 사람들의 이야기입니다. 사실 이 웹드라마는 그런 청년들의 솔직한 이야기이지, 사회·정치적으로 어떤 메시지를 던지려는 이야기가 아닙니다."

내 말이 끝나자, 심사장이 숙연해졌다. 심사위원들에게 안 좋은 인상을 준 것 같아 불안했다. 하지만 동행한 자영 작가님의 말에 따르면 심사위원들이 내 말에 고개를 끄덕거렸다고 한다. 물론 당시에는 자영 작가님이 발표를 망친 나를 위로하려고 그런 말을 한 줄 알았다. 하지만 며칠 후에 경기콘텐츠 진흥원에서 최종 선정되었다는 메일을 받게 되었다. 마침내 우리는 자영 작가님과 공무원 시험을 준비했던 사람들의 사연으로 웹드라마 <공시생> 제작·송출에 성공했다. 엄청난 반향을 일으킨 건 아니지만 소소한 성과들이 있었다.

그리고 무엇보다 큰 성과는 이 웹드라마가 내 가치관을 변화시켰다는 점이다. 정확히 말하면 제작 지원을 위한 발표를 통해서 내 생각들이 바뀌었다. 주제 의식과 메시지를 통해서 심사위원들과 토론을 벌였을 때, 그들 중 아무도 나의 이야기에 설득되지 않았다. 그들이 설득된 지점은 결국 당사자들의 포장되지 않는 날것 그대로의 감정들. 나는 주제 의식과 메시지를 만들어내기 위해 그럴듯하게 이야기를 포장했던 지난날의 자신에 대해 회의감이 들었다.

07. 단편 영화에 도전할 결심

아이러니하게도 나는 웹드라마 시나리오를 집필하면서 감독님이 강조한 주제 의식과 메시지의 중요성에 대해 어느 정도 이해할 수 있었다. 콘텐츠를 제작하다 보면 자연스럽게 다른 사람들과 협업할 경우가 생긴다. 또는 누군가에게 내가 만들고자 하는 콘텐츠의 내용을 설명하거나 설득해야 하는 상황도 있다. 그럴 때마다 주제 의식과 메시지는 소통의 방향성을 제시하는 나침반 역할을 하는 것 같았다. 작가로서 감독, 배우, 촬영, 조명, 동시녹음 등 수많은 스태프에게 내 시나리오가 어떻게 구현되었으면 좋겠는지 구체적으로 설명하기란 여간 어려운 일이 아니다.

제작 지원이나 투자를 받기 위해서도 마찬가지다. 관계자들이 짧은 시간 내에 나의 시나리오를 백 퍼센트 이해하길 바라는 게 어쩌면 작가의 욕심일 수 있다. 결국 나는 이런 결론에 다다랐다. 콘텐츠의 주제 의식과 메시지를 통해 여러 사람이 해당 콘텐츠의 내용을 각자의 방식으로 이해하고, 그 방향성에 맞게 움직이는 것이 아닐까? 콘텐츠를 소비할 시청자들도 주제 의식과 메시지를 기준으로 각자 콘텐츠를 자유롭게 해석하고 있는 것은 아닐까?

주제 의식과 메시지는 사람들과 소통하기 위한 수단이라는 자영 작가님의 말에 공감한다. 찾아보니 봉준호 감독님도 메시지에 대해서 이런 말씀을 하신 적이 있었다. '영화는 메시지를 담는 도구가 아니다.' '메시지를 앞세워서 계속해서 영화가 구호를 외쳐대면, 옛날 싸구려 프로파간다 영화처럼 된다.' '영화를 보는 사람이 영화 자체의 아름다움이 충만하게 되어 자꾸 그 영화에 대해서 생각하게 되고, 만든 사람이 하고자 하는 얘기까지 어렴풋이 느껴진다면 더할 나위 없는 영화다.'

나는 그제야 주제 의식과 메시지의 강박에서 벗어날 수 있었다. 하지만 여전히 영화에서 파생된 어떤 강박에 시달리고 있었다. 사실 언급하진 않았지만 주제 의식과 메시지 말고도 영화에 대해 많은 편견이 존재했었다. 배우들의 연기 방법, 시나리오, 촬영 구도, 조명, 색감, 편집 등에 대해 많은 편견을 가지고 있었고, 다양한 영역에서 내가 추구하는 미학을 충족시키지 못하는 작품들에 대해서 '근본이 없다'라는 말을 자주 사용하곤 했다.

도대체 내가 생각하는 영화의 '근본'이라는 건 무엇이었을까? 분명 아무도 영화의 근본을 정의하지는 않았지만 나는 어렴풋이 근본에 관한 기준점이 있었던 것 같다. 아마도 영화를 공부하면서 뛰어나다고 평가받는 작품들의 공통점 혹은 다른 매체에서 잘 드러나지 않는 영화라는 매체의 특징을 근본이라고 정의하지 않았을까.

나는 이런 강박에 시달렸던 지난날의 나에 관한 이야기를 단편 영화로 만들어보고 싶다는 마음이 들었다. 아니, 정확히 말하면 만들어야겠다는 사명감이 들었다. 내가 지닌 왜곡된 편견을 신랄하게 비판하는 영화를 만들어야 비로소 확실하게 편견에서 벗어날 수 있다는 생각이 머릿속을 맴돌았다.

어쩌면 살풀이에 불과할지도 몰랐다. 지난날의 나를 보내는 살풀이. 단지 그 살풀이 의식이 영화라는 탈을 쓰고 있을 뿐. 무엇이 됐던 상관 없었다. 나는 단편 영화를 찍을 결심이 섰고, 자영 작가님에게 이런 생각을 전달했다. 자영 작가님은 무척 편견이 없는 사람이었다. 이런 영화가 재밌고 신날 것 같다고 말했으니. 우리는 제일 처음 아이템만 있는 이 영화에 제목을 붙여줬다. 그것은 영화가 나아가고자 하는 방향성을 설정하는 행위였다. 영화의 제목은 '근본 없는 영화'. 기존에 신봉했던 근본 따위는 길바닥에 던져버리고, 근본 없이 자유롭게 영화를 만들어보자는 이 프로젝트의 슬로건을 함축시킨 제목이다.

Part 2

한 줄로 마음을 움직이다

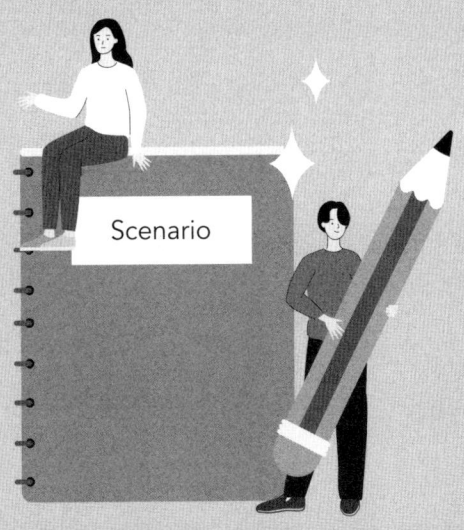

01. 단편 영화 제작 지원 사업 도전

이번 장부터는 우리가 <근본 없는 영화>를 어떻게 준비했는지 그 과정을 소개하고자 한다. 우리가 어떻게 영화를 준비했는지 되짚어보고, 또 단편 영화를 준비하는 다른 이들에게 조금이나 도움이 되고자 하는 바람도 있다. 그 과정의 첫 이야기는 제작비, 즉 돈에 관한 이야기다.

영화 만들겠다면서 맨 처음 하는 이야기가 돈 이야기라니. 우리도 이 상황이 굉장히 아이러니하지만, 한편으로 현실적인 부분이라 꼭 짚고 넘어가는 게 좋겠다고 판단했다.

영화를 만들려면 일반적으로 많은 전문가가 필요하다. 프로덕션 과정에서 배우, 촬영, 동시녹음, 조명 관련 전문가들이 필요하고 그 이후에는 음악, 믹싱, D.I, 자막 등 후반작업 분야의 전문가들이 필요하다.

물론 꼭 단편 영화를 각 분야의 전문가를 섭외해서 만드는 것이 옳다고 주장하려는 게 아니다. 제작 과정을 단순화시켜서 배우부터 촬영, 편집, 완성까지 제작자 본인이 담당해서 좋은 결과를 내는 작품들도 꽤 많다. 다만 우리의 경우에는 이야기에서 구현하고 싶은 것들을 구현하는데 우리의 능력만으로는 충분치 않았고, 전문가의 도움이 필요했다. 전문가에게는 가능한 합리적인 비용을 지급하는 게 맞다고 생각한다. 그 비용을 마련하려면 당연히 제작 지원 사업이 필요했다.

무엇보다 우리는 배우, 스태프들의 몸값을 후려치고 싶지 않았다. 관행적으로 단편 영화 프로젝트는 품앗이의 개념으로 인식되는 경우가 많아 배우나 스태프들의 노동력에 충분한 보상을 하지 않아도 괜찮다는 인식이 있는데, 우리는 이것이 옳지 않다고 생각한다. 물론 제작 지원을 받는다고 해도 그들에게 충분한 비용을 보상할 수는 없겠지만 이들에게 최소한의 예의를 갖출 수 있다. 우리가 만들려는 영화는 적어도 우리에게는 꽤 큰 의미를 지닌다. 한 마디로 애착을 두지 않을 수 없는 자식 같은 존재다. 하지만 배우와 스태프들은 엄연히 따지면 우리가 아닌 남이다. 적어도 우리가 이 영화에 가지는 애정만큼 배우, 스태프들에게 합리적인 비용을 지급해야 그들에게도 이 영화에 애정을 가져달라고 말할 수 있는 게 아닐까?

제작 지원 사업에 도전하면 좋은 한 가지 이유가 더 있다. 우리의 프로젝트가 정말 세상 밖으로 나와도 될 만큼 경쟁력이 있는지 확인할 수 있다는 점이다. 제작 지원 사업은 일반적으로 1차 서류 전형, 2차 서류 전형으로 이뤄지는데 때로는 3차 면접 전형까지 진행된다. 각 과정에는 당연히 여러 심사위원이 참여한다. 심사위원들은 우리의 아이디어를 냉철하게 평가하는 무서운 사람들일 수도 있지만 어찌 보면 우리의 아이디어를 처음 마주한 관객일 수도 있다. 우리는 더 많은 관객이 봐주길 바라고, 그 과정에서 많은 피드백을 해주길 바란다. 심사위원들의 피드백이 맞는지 틀리는지는 나중 문제다. 적어도 우리의 첫 번째 관객을 설득할 수 있을 만큼 우리의 아이디어는 괜찮은가? 설득되지 않는다면 어떤 부분을 보완해야 하는가? 우리는 제작 지원 사업을 이런 설득과 피드백의

장으로 바라본다. 당연히 지원하지 않을 이유가 없다. 지원에 성공하면 제작비용을 받을 기회고, 지원에 실패하면 어딘가 보완해야 할 부분이 있다는 피드백을 받은 셈이니까 말이다.

우리는 그 당시 신영균문화예술재단에서 주최하는 '필름게이트' 공모 사업에 지원하기로 했다. 필름게이트 공모 사업은 한국 영화의 장래와 발전을 위해 징검다리가 될 단편 영화를 지원하는 사업으로 매년 상반기(3월), 하반기(6월)에 작품을 신청받았다. 선발 과정은 1차 예심, 2차 본심으로 나뉘어 있었고 1차 예심에 필요한 서류는 신청서와 단편 영화 기획안. 신청서는 사실상 신청자의 약력에 대한 정보를 작성하는 서류라 그동안 우리가 작업했던 콘텐츠에 대한 정보를 기재했다. 문제는 단편 영화 기획안. 심지어 자유 양식이다. 우리는 본격적으로 단편 영화 기획안 작성을 준비하기 시작했다.

02. 장르 : 영화의 결을 정하다

일반적으로 단편 영화 기획안 첫 장은 작품명, 장르, 예상 분량, 기획 의도, 로그라인이 포함된다. 우리는 쉬운 것부터 차례대로 작성을 시작했다. 작품명은 <근본 없는 영화>. 그다음은 장르를 설정할 차례. 장르? 우리가 만들고 싶은 영화의 장르는 무엇일까? 구체적인 시나리오가 아직 없기에 어떤 장르라고 작성하기 모호한 상황.

왜 기획안에 영화의 장르를 기재하라는 건지 의문이 생겼다. 뭐 당연히 평소에도 액션, 스릴러, 공포 같은 단어를 자주 사용하기에 장르라는 단어가 어색하지는 않았지만, 굳이 서류의 앞부분에 그것도 제목 바로 다음 부분에 장르를 표기하라고 하는지 고민해 보지 않았기 때문이다. 분명히 서류의 레이아웃에도 의도가 담겨 있기 마련이다.

예를 들어 주민등록증의 레이아웃을 살펴보자. 가장 최상단에 '주민등록증'이라는 단어가 나오고 그 밑에는 '이름'이 나온다. 그다음에는 '주민등록번호'와 '주소'가 나온다. 여기까지의 정보를 정리해 보자.

주민등록증

이름

주민등록번호

주소

보다시피 주민등록증의 레이아웃에도 의도가 있다. 만약 주민등록증 정보 순서가 바뀐다고 가정해 보자. 주소 → 생년월일 → 홍길동 → 주민등록증 순으로 정보가 나열되면 보는 사람이 정보를 파악하기 어렵다. 단편 영화의 기획안도 마찬가지일 것이다. 제목 다음에 바로 장르라는 항목을 작성하길 원하는 이유가 있을 것이다.

이런 추측을 해본다. 일상적으로 우리가 본 영화를 누군가에게 설명한다고 가정해 보자. 우선 제목을 얘기하고 유명한 배우가 나온다면 배우 이름 정도를 언급할 것이다. 그리고 영화의 장르를 설명할 확률이 굉장히 높다. '내가 어제 XXX이란 공포영화를 봤는데 말이야.' 이런 식으로 말이다. 왜일까 생각해 보면 영화가 어떤 재미를 주는지에 대한 정보를 빨리 소개해야 듣는 사람이 쉽게 이해할 수 있기 때문이다. 액션은 쾌감, 멜로는 달콤함, 공포는 무서움, 스릴러는 긴박함, 드라마는 감동. 이런 식으로 영화의 장르를 설명하면 해당 영화가 줄 수 있는 재미에 대해서 우리는 자연스럽게 연상할 수 있다. 당연히 누군가가 공포영화를 봤다고 한다면 우리는 그 사람에게 '그 영화. 얼마나 무서워?'라고 질문하는 것처럼 말이다.

그렇기에 만약 우리가 엄청 무서운 이야기의 시나리오를 제작 지원 사업에 제출한다고 가정했을 때, '우리 영화는 겉으로는 무서운 이야기이지만 본질적으로 인간의 본질을 탐구하는 영화기에 장르가 드라마입니다'라고 써넣으면 심사위원은 시나리오를 보면서 혼란을 느낄 확률이 높아질 것이다. 분명 드라마 장르를 기대하며 시나리오를 읽고 있는데 왜 이야기가 이렇게 괴이하게 느껴지지? 이런 생각을 할 것이다.

따라서 우리가 만들고 싶은 영화의 장르 설정은 꽤 중요한 고민이었다. 우리의 경우에는 장르를 코미디로 설정했다. 구체적인 시나리오는 없었지만 적어도 영화의 근본에 집착하는 캐릭터(윤우 감독님을 모티브로 한)가 나올 예정이고, 관객들이 캐릭터를 보면서 우스꽝스럽다고 생각하면 좋겠다는 이유였다. 드라마라는 장르도 염두에 두지 않은 건 아니다. 이 영화는 우리가 실제로 콘텐츠를 제작하며 깨달은 바를 말하고자 하는 이야기였기에 드라마라는 장르도 어울릴 수 있었다. 하지만 만약에 우리가 근본에 집착하는 캐릭터를 너무 진지하고 비판적으로 그린다면 영화가 너무 딱딱해질 것 같았다. 봉준호 감독님이 말씀하셨던 '영화가 메시지의 도구가 되는' 그런 영화 말이다. 우리는 근본이라는 개념을 벗어던지는 코믹하고 재밌는 영화를 만들고 싶었다. 그래서 결론적으로 우리 영화의 장르는 코미디가 되었다.

03. 로그라인 : 한 문장에 담긴 모든 것

　작품명, 장르, 예상 분량(우리 작품의 경우에 15분 내외)을 기재했으니 이제 로그라인을 작성해 볼 차례. 로그라인은 일반적으로 한두 줄 내외로 간략하게 작품을 소개하는 문구다. 처음 로그라인이라는 개념을 접했을 때는 '에이 15분짜리 영화를 어떻게 한 줄로 요약해? 우리가 하고 싶은 이야기가 얼마나 많은데.' '그냥 대략 무슨 이야기를 하려는지 이해할 수 있을 정도로만 쓰면 되겠지?' 이처럼 안일한 생각을 했었다.

　하지만 다른 사람이 작성한 기획안을 검토하면 할수록 기획안의 첫 장에서 가장 중요한 항목이 로그라인임을 깨닫게 되었다. 우리가 생각하기에 로그라인은 일종의 영화 예고편이다. 우리는 극장에서 볼 영화를 선택할 때 여러 요소를 고려하지만 최종적으로 예고편을 보고 그 영화의 티켓을 구매

할지 말지 결정하는 경우가 많다. 즉 1분 내외의(짧게는 30초) 영화 예고편을 보면서 우리는 영화에 대한 어떤 '느낌'에 가까운 정보를 얻는다. 영화의 대략적인 스토리가 뭔지, 영화의 주인공이 누군지, 영화가 재미있을지 없을지, 내 취향에 맞을지 안 맞을지 등등.

로그라인은 기획안에서 영화 예고편 역할을 한다고 생각한다. '아니, 어떻게 한두 문장의 글과 예고편이 같을 수 있나?'라고 의문이 들 수도 있지만, 본편의 이야기에 대한 기대감을 심어준다는 점에서 메커니즘 상 일치한다. 심지어 예고편의 매력 어필이 제대로 되지 않으면, 관객이 티켓을 구매하지 않는 것처럼 로그라인의 매력 어필이 제대로 되지 않으면 심사위원이 우리 기획안을 제대로 읽지 않을 확률도 있다. 물론 조금 과장된 말이다. 로그라인이 재미없다고 기획안을 쓰레기통에 던지는 심사위원은 없을 것이다. 다만 기대감 없이 기계적으로 내 기획안의 뒷부분을 읽기 시작할 확률이 높다는 말이다.

그럼, 우리는 어떻게 로그라인에 접근할까? 고민이 시작되었다. 우리는 관객을 사로잡는 영화 예고편에는 어떤 정보들이 담겨 있는지 생각해 보았다. 관객을 사로잡는 영화 예고편의 정보들을 로그라인에 담을 수 있다면 우리 기획안을 읽는 이들의 마음을 사로잡을 수 있다고 믿었다. 생각해 보니 우리는 영화의 예고편을 보며 무의식적으로 중요하게 인지하는 요소들이 있었다.

첫째, 주인공은 누구인가? 주인공은 이야기의 중심이 되는 인물로 사실상 영화는 2시간 동안 주인공에 관한 이야기를 주구장창 떠들어댄다. 당연히 우리는 주인공이 누구인지 어떤 사람인지 눈여겨 볼 수밖에 없다. 어떤 주인공이 등장하면 관객을 사로잡을 수 있을까? 물론 매력적인 주인공의 외모, 성격도 중요하겠지만 그 부분 말고도 우리가 매력을 느끼는 요소는 다양한 것 같았다.

둘째, 주인공은 어떤 상황에 놓여있는가? 이유를 정확히 설명할 수 없지만 우리는 닌텐도 게임 '동물의 숲' 같은 이야기를 영화로 제작하기 힘듦을 알고 있다. 영화 속 세계에 위기가 없고 지나치게 평화로우면 왠지 이야기가 흥미롭게 느껴지지 않는다. 일상은 영화보다 너무 평화롭기에 우리는 때로 놀이동산에 가서 바이킹을 타며 비일상적인 스릴을 느끼곤 한다. 영화도 마찬가지인 듯싶다. 어쩌면 영화 감상이란 극장에 가서 절체절명의 위기에 놓인 주인공이 주어진 난관을 어떻게 헤쳐 나갈지 마음 졸이며 바라보는 것일지도 모른다. 상황이 극적일수록 (예: 지구가 멸망하거나 좀비가 창궐한다) 혹은 이입하기 쉬운 위기 상황일수록 (전세 사기를 당하거나 매력적이지만 위험한 이성에게 사랑에 빠졌다) 우리는 영화의 본편이 궁금해진다.

셋째, 주인공의 욕망은 무엇인가? 주인공이 매력적이고 처한 상황이 극적이더라도 현재 주인공의 욕망이 명확하지 않으면 어떤 이야기가 펼쳐질지 궁금증이 감소한다. 복수를 하는 건지, 매력적인 이성에게 구애하는 건지, 아니면 생존을 위해 도망쳐야 하는 건지 명확해야 한다. 영화 속 주인공의 욕망을 관객이 읽을 수 있어야 이야기가 어떻게 진행될지 상상할 수 있고, 그 상상이 실제와 얼마나 비슷하거나 다를지를 기대하며 영화관으로 발걸음을 옮길 테니 말이다. 물론 주인공의 욕망에 대한 개연성을 만드는 것도 중요한 듯 보인다. 우리는 때때로 예고편을 보며 이런 말을 한다. "왜 저 주인공은 저런 행동을 하지? 나라면 차라리 어떻게 할 것 같은데?" 개연성이 부족하다고 여기기 때문이다.

정리해 보면 로그라인에 대한 우리의 결론은 이렇다. ① 주인공은 누구인가? ② 주인공은 어떤 상황에 놓여있는가? ③ 주인공의 욕망은 무엇인가? 이에 대한 답을 로그라인에 담아야 한다. 결국 세 가지 질문을 답변하기 위해서는 우리 영화의 주인공은 누구인지 결정해야 했다. 우리는 우리가 만든 질문에 따라서 답변을 해보았다.

① 주인공은 누구인가? : 영화감독 지망생 백수.
② 주인공은 어떤 상황에 놓여있는가? : 전 여자 친구가 주인공을 찾아와서 자신이 쓴 시나리오를 피드백해달라고 요청했는데, 시나리오에는 주인공의 치부가 담겨 있다.

③ 주인공의 욕망은 무엇인가? : 주인공은 시나리오에 담긴 자신의 치부가 세상 밖으로 나가길 원하지 않고, 영화적이지 않다는 이유로 전 여자 친구의 시나리오를 각색하기 시작한다.

실제 인물을 모티브로 한 만큼 (윤우 감독) 주인공은 다소 흥미롭지 않지만 주인공이 처한 상황이 극적이고 (누군가가 내 치부를 세상에 알리려고 한다) 주인공의 욕망도 명확해서 (자신의 치부를 세상 밖으로 내보내지 않기 위해 노력한다) 괜찮은 로그라인이 될 수 있겠다고 생각했다. 최종적으로 우리가 작성한 로그라인은 읽는 이로 하여금 영화가 어떻게 진행될지 궁금증을 유발하기 위해 어느 정도 정보를 축약했다.

로그라인

영화감독을 준비 중인 백수 석훈(남, 32)에게 전 여자 친구 수진(여, 29)이 찾아와 자신이 쓴 시나리오를 피드백해달라고 요청한다. 시나리오는 석훈과 수진의 실제 연애 이야기. 석훈은 이야기가 세상 밖으로 나가길 원치 않는다.

위의 로그라인을 통한 우리의 목표는 이러했다. 도대체 두 사람은 과거에 무슨 일이 있었고, 전 여자 친구가 무슨 시나리오를 써왔기에 주인공이 기겁할까? 이러한 궁금증을 만들어내는 것. 물론 로그라인이 성공적인지, 그렇지 않은지는 여전히 읽는 이의 몫이다.

04. 기획 의도 : 내가 바라보는 세상

 가장 정답이 없다고 느껴지는 항목. 잘 쓴 로그라인의 정석은 어렵지 않게 찾을 수 있지만 기획 의도의 정석이라고 할 만한 문장은 찾기 어렵다. 아마 그만큼 기획 의도는 쓰는 사람마다 접근 방식이 다르고 정답이 없는 항목이다. 어찌 보면 당연하다. 당신은 왜 영화를 만들려고 합니까? 이 질문에 대한 사람들의 답변이 패턴화되어 있을 리 없다. 재미있어 보여서, 의미가 있는 것 같아서, 많은 사람에게 이 이야기를 알리고 싶어서 등 각자의 이유는 다양하다. 심지어 '그냥 영화를 만들고 싶다'라는 이유도 우리는 어떤 면에서는 굉장히 솔직한 답변이라고 생각한다. 창작에 대한 인간의 욕망은 본능에 가깝다. 마치 선사시대 선조들이 돌조각과 동굴벽화 등으로 자신들의 창작 욕망을 표출한 것처럼 말이다.

그럼에도 우리는 어른의 사정(?)으로 인해 기획 의도에 '그냥 영화를 만들고 싶다'라고 작성할 수 없는 환경에 놓여있다. 제작 지원 사업의 재원은 한정적이고 지원자의 수는 비용을 한참 웃돈다. 국내에서 가장 규모가 큰 영화진흥위원회의 단편 영화 제작 지원 사업의 경우 매해 일천 명이 넘는 지원자들이 작품을 응모한다. 우리가 응모했던 필름게이트 지원 사업 또한 1차 서류 접수자가 500명이 넘었다. 결국 기획 의도도 전략이 필요했다. 수많은 경쟁 작품 중에서 왜 하필 우리 영화가 제작 지원을 받으면 좋은지 설득력을 갖춰야 했다.

우리는 먼저 기획 의도 작성에 앞서 한 가지 원칙을 세웠다. 우리는 영화를 메시지를 담는 도구라고 생각하지 않으니 당위적이거나 일방적인 주장에 가까운 말은 하지 말자. 예를 들어 '주제 의식과 메시지에 집착해서 영화를 만드는 건 잘못되었다는 생각을 전달하기 위해 영화를 만듭니다'와 같은 기획 의도는 틀린 게 아니지만 우리가 지향하는 방향성과는 다르다.

그럼, 우리의 생각을 일방적으로 주장하지 않고 전달하는 방법은 무엇일까? 이에 대한 결론은 '질문'이다. 기획 의도에서 질문을 한다고? 얼핏 들으면 이상할 수 있다. 영화를 만들려는 사람이 주제에 대해 명확한 생각이 없어 보인다고 느낄 수 있으니까 말이다. 하지만 우리는 때로 질문을 통해서 우리가 생각하고 있는 주제 의식을 밝힐 수 있다. 예를 들어 올바른 정치란 무엇입니까? 이런 질문을 던지는 사람이 있다면 그 사람은 '바람직한 정치가 무엇인지 정의해보고 싶다'는 주제 의식을 가진 사람일 수 있다. 사실 세상을 감싸고 있는 많은 일에 명확한 정답이 존재하지 않는 경우가 많다.

따라서 기획 의도에서 우리가 어떤 고민과 질문을 가지고 있다고 명확히 밝히면 충분히 매력적인 문장이 될 수 있다고 생각한다. 기획 의도를 읽는 사람이 우리의 질문이 충분히 해볼 법한 질문이라고 공감하면 성공적이고, 질문에 대한 답을 궁금해하면 더할 나위 없이 좋다. 물론 질문 그 자체로만 문장이 끝나서는 안 된다. 최소한 우리가 만들고자 하는 영화를 통해서 질문을 어떻게 탐구할지 밝혀야 읽는 사람도 우리가 만들 영화가 어떤 내용일지 궁금해할 테니 말이다. '영화적이다'의 기준은 무엇일까? 이게 우리의 질문이었다. 기획 의도는 아래와 같이 작성했다.

* 주제 및 기획 의도
'영화적이다'의 기준은 무엇일까?

돌이켜보면 영화를 공부하던 학부 시절, 사회와 사람에 대한 주제 의식을 가지고 영화를 만들어야 한다는 강박이 있었다. 그런 강박은 유명한 국내외 영화제들에 상영된 작품들을 동경하면서 더 심해진 듯했다. 그런 성향은 나뿐만 아니라 학부 전체에 전염병처럼 퍼져서 우리는 언제부터 '영화적이다, 영화적이지 않다'라는 알 수 없는 잣대를 가지고 시나리오를 쓰고 영화를 찍었던 것 같다. 하지만 도대체 그 '영화적이다'의 기준은 무엇일까? 어쩌면 작품성이 높다고 평가받는 영화들을 '얼마나 잘 흉내 내는가'가 그 기준이 아니었을까?

나만의 '레디, 액션'에 도전하기 위한 첫걸음

최근 과거의 나와 작별할 시간이 왔음을 느낀다. 예술 영화를 지향했지만 오히려 나의 성향은 재미있고 대중적인 영화에 가까웠음을 받아들이고 있다. 그렇기에 본 작품을 통해서 '영화적이다'에 집착했던 지난날의 초상을 코믹하게 풀어내며 나만의 '레디, 액션'에 도전해 보고자 한다.

05. 주요 인물 : 캐릭터 내면의 이야기

 이제 본격적으로 우리 영화에 등장하는 인물들을 소개할 차례가 왔다. 물론 영화에 등장할 모든 캐릭터를 한명 한명 소개하는 것도 좋겠지만 기획안을 읽는 이들에게 한꺼번에 너무 많은 정보를 제공하는 것은 위험할 수 있다. 우리가 만들고자 하는 영화에 대해서 우리는 충분한 정보를 가지고 있기에 하고 싶은 말이 너무 많지만 기획안을 처음 읽는 이들은 그렇지 못한 상황. 이제 겨우 제목과 장르, 로그라인, 기획 의도를 통해서 우리가 만들고자 하는 영화에 어느 정도 궁금증이 생긴 상황일 것이다.

 이런 상황에서 모든 등장인물을 소개할 필요는 없다고 생각한다. 이야기의 전개에 꼭 필요한 인물들만 작성하길 바란다. 한마디로 중심이 되는 인물이 누군지 알려주는 정도. 많더라도 4명 이내가 적당하다고 생각한다. 심지어 우리는 주인공과 주인공의 대척점에 있는 캐릭터 단 두 사람만 인물 소개란에 적었다. 한두 문장으로 정의되는 로그라인이 그렇듯 우리 영화의 주요 인물이 누군지 설정하기 위해 질문을 던져보았다. 우리 영화는 누구에 대한 이야기인가요? 저희 영화는 과거 연인이었지만 현재는 갈등을 겪고 있는 두 사람(석훈과 수진)의 이야기입니다. 우리는 이렇게 대답할 듯싶었다. 그래서 과감하게 주요 인물 소개란에 두 사람에 대한 정보만 적기 시작했다.

* 주요 인물 소개
① 석훈 (남, 32살) / 영화감독 지망생 겸 백수
"당사자의 동의도 없이 시나리오 쓰는 거 이거 비윤리적인 거야"

장편 영화 시나리오만 쓰면 자신에게도 봄날이 올 거라 믿고 3년째 시나리오만 쓰고 있는 영화감독 지망생. 그렇게 장밋빛 인생을 꿈꾸던 그에게 전 여친 수진이 가져온 시나리오는 충격 그 자체였다. 왜냐하면 시나리오는 석훈의 민낯을 폭로하는 연애 이야기이기 때문이다. 석훈은 유명한 감독이 되면 이 시나리오가 자기 발목을 잡을 게 분명하다고 생각한다. 석훈은 무슨 수를 써서라도 시나리오가 세상 밖으로 나가는 것을 막고 싶다.

② 수진 (여, 29살) / 워킹맘
"누구 덕분에 나는 미혼모로 혼자 애 키우는데, 그건 윤리적이고?"

석훈과 연애하던 중 생긴 아이를 주변의 반대에도 불구하고 미혼모 신분으로 꿋꿋하게 키우고 있는 워킹맘. 아이를 지우지 않은 것은 자신의 결정이었으나 영화를 한답시고 양육비 한번 제대로 보내주지 않은 석훈에게 복수하려는 계획을 세운다. 영화라고는 석훈에게 주워들은 게 전부지만 자신과 석훈의 연애 이야기를 시나리오로 쓰고 모든 계획을 세운 뒤 석훈을 찾아간다.

우리가 인물 소개란을 작성하며 꼭 필요하다고 생각한 첫 번째는 인물을 상징적으로 표현할 수 있는 한 줄이다. 이 한 줄을 통해서 읽는 이들이 해당 캐릭터가 대략 어떤 인물인지 추측할 수 있다면 성공적인 한 줄이라고 생각한다. 이 한 줄은 인물을 소개하는 문구가 될 수도 있고 (딸의 복수를 하려는 전직 FBI 요원, 역사상 가장 위대한 무패 복서) 우리의 경우처럼 대사가 될 수도 있다. 선택은 자유다. 다만 우리의 경우에는 인물들의 직업이나 배경이 특수하지 않다 보니 대사를 통해 인물의 특징을 잘 나타내려고 했다.

두 번째, 인물을 소개하는 본문에서는 인물의 과거와 현재 그리고 인물이 가지고 있는 욕망을 잘 전달하려 했다. 물론 읽는 이들은 로그라인을 통해서 주인공의 상황과 욕망에 대해서 어느 정도 파악하고 있지만 왜 그런 상황을 맞이하게 되었는지, 왜 그런 욕망을 가지고 있는지 모를 수 있다. 이런 궁금증에 대한 해소가 충분히 되길 바라며 우리는 주요 인물 소개 작성을 마쳤다.

06. 줄거리 : 이야기는 이렇게 흐른다

 단편 영화 제작 지원 사업의 공모 요강을 살펴보면 유의 사항에 이런 문구를 자주 볼 수 있다. '기승전결을 포함한 완결된 이야기를 제출할 것.' 왜 담당자들은 이런 문구를 공모 요강에 그것도 무시무시한 빨간 글씨로 작성했을까? 아마도 다수의 지원자가 위의 사항을 지키지 않고 줄거리를 제출하기 때문에 이를 방지하고자 사전에 안내하려는 목적이 클 것이다.

 우리가 흔히 포털 사이트를 통해 영화의 줄거리를 확인하면 보통은 이렇다. '주인공 ××은 어떤 위기에 빠졌고 이를 극복하기 위해 애쓰기 시작하는데… 과연 주인공 ××의 운명은 어떻게 될까?' 정보는 충분하다. 영화를 볼지 말지 결정해야 하는 관객 입장에서는 말이다. 하지만 제작 지원을 결정하는 평가자의 입장에서는 조금 다를 수 있다. 영화가 재미있을지 없을지도 중요하겠지만 어쨌거나 완성도라는 부분도 무시할 수 없을 테니까 말이다.

제작 지원 사업 평가자는 영화를 볼지 말지 고민하는 관객의 역할과 더불어 영화를 리뷰하는 평론가의 역할도 겸한다. 따라서 기획안 초입부를 통해 우리가 '이 영화 재밌어 보이는데?'라는 인식을 심어주려고 노력했다면, 이제는 '이 영화 충분히 재미있고 완성도가 있네.'라는 인식을 심어줘야 한다고 생각한다.

그럼, 다시 돌아와 줄거리는 어떻게 써야 할까? 우리는 적어도 공모 요강의 유의 사항에 어긋나게 작성하지 말자고 합의했다. 유의 사항에 줄거리는 기승전결로 이야기의 엔딩까지 작성하라고 했으니 이 말에 따르자. 그러면 일단 기승전결이 무엇인지부터 알아봐야 한다. 기승전결의 의미를 찾아보니 아래와 같았다.

기(起) '일어날 기' : 아이디어를 소개하고 열어가는 시작이다.
승(承) '이을 승' : 내용을 본격적으로 이어가는 부분이다.
전(轉) '구를 전' : 갈등과 긴장이 최고조에 달한다.
결(結) '맺을 결' : 갈등이 해소되고 결론이 난다.

고등학교 때 문학 시간에 얼핏 들었던 개념. 정확히 이해할 수 없지만 이야기가 진행함에 따라 갈등과 긴장이 최고조에 달해야 하고 명확한 결론이 나야 한다는 점이 중요함을 말해주고 있다고 생각한다. 우리는 기승전결에 맞춰서 줄거리를 정리하기 시작했다.

* 줄거리
<기> "석훈을 찾아온 전 여친 수진, 시나리오 피드백을 요청한다."

영화감독을 준비하는 명목으로 3년 동안 백수 생활 중인 석훈. 전 여친 수진의 부름에 카페로 간다. 수진은 석훈에게 자신이 쓴 시나리오를 피드백해달라고 요청한다. 비전공자가 무슨 시나리오를 쓰냐며 수진을 무시하는 석훈. 빵과 케이크를 사주겠다는 수진의 말에 시나리오 피드백을 시작한다.

<승> "석훈과 수진의 실제 연애 이야기가 담긴 시나리오"

수진의 시나리오 제목은 <서울 드림>. 지방에서 서울로 올라온 커플 이야기라고 한다. 석훈은 연애 이야기는 작품성이 없다고 생각하지만 얻어먹은 점심이 있으니 <서울 드림>을 읽기 시작한다. 커플이 63빌딩에서 데이트하고, 남산타워에서 자물쇠를 걸고, 동거 중에 여자는 임신하고, 엎친 데 덮친 격으로 집주인은 전세금을 올리는데 남자는 무책임하게 도망을 가고… 아니 잠깐, 이 시나리오는 석훈과 수진의 실제 연애 이야기다.

<전> "석훈은 각색을 시도한다."

석훈은 이야기가 세상 밖으로 나가길 원치 않기에 각색을 제안한다. 이런 시나리오는 영화제에 갈 수 없다며, PC적 색채를 띠기 위해 주인공들을 성소수자로 변경하거나, 상업영화에서 선호되는 장르물로 서사를 바꾸는 등 어떻게든 자신의 치부를 가리려 한다. 하지만 영화제에 가본 적도 없는데 왜 자꾸 영화제 타령을 하냐는 수진의 질문에 자격지심으로 분노하는 석훈.

※ PC : Political Correctness, 정치적 올바름

<결> "수진의 실험 영화 촬영이 끝나다"

결국 화를 참지 못하고 시나리오 피드백을 중단하는 석훈. 영화에 대해서 알지도 못하는 수진이 무슨 영화를 찍겠냐고 원색적인 비난을 퍼붓는다. 하지만 지금까지 모든 상황은 녹화되고 있었다. 사실은 수진이 영화병에 걸린 석훈을 소재로 실험 영화를 촬영 중이었기 때문이다. 그제야 자신이 몰래 카메라에 찍히고 있음을 알게 된 석훈은 초상권 보호를 주장하지만 모자이크 효과 처리되며 영화가 끝난다.

우리는 줄거리를 끝으로 <근본 없는 영화>의 기획안을 완성했다. 물론 나름의 고민 끝에 작성한 기획안이지만 평가가 어떨지는 알 수 없는 노릇. 마음을 비우고 기획안을 이메일로 제출한 채 한 달의 시간이 지났다.

07. 1차 합격의 순간

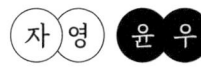

 우리는 한 달이라는 시간 동안 기획안을 제출했다는 사실을 잊고 있었다. 정확히는 합격한다는 기대가 없기에 합격 발표가 언제 나는지도 모르고 있었다. 그러다 어느 날 한 통의 메일을 받았다. [신영균예술문화재단] 제24회 필름게이트 1차 통과 및 2차 제출 서류 안내.

 우리가 제출한 단편 영화 기획안이 1차 전형을 통과했다는 소식이었다. 예상치 못한 성과였기에 우선 정신없이 기뻐했던 것 같다. 혹시 우리가 스팸메일을 잘 못 받은 게 아닌가 싶어서 재단의 홈페이지에 들어가서 결과를 다시 확인해 보았다. 역시 맞았다. 1차 합격자 리스트의 최상단에 우리 영화 제목이 보였다.

▶ 제24회 필름게이트 1차 통과작 * 2차 서류 작성 시 접수번호 참고

NO.		제목
1	2023-24-004	근본없는 영화
2	2023-24-012	미숙의 자전거
3	2023-24-014	홀
4	2023-24-022	신음하는 칼럼니스트
5	2023-24-025	각막
6	2023-24-028	왕주산 사건 풀영상
7	2023-24-034	엔딩크레딧
8	2023-24-035	엉망이 흐른다
9	2023-24-045	순환감정
10	2023-24-062	사랑이란 병

기쁨은 잠시였고 우리는 또 다른 위기에 직면했다. 메일을 확인해 보니 2차 서류를 제출하라고 적혀있었다. 시나리오와 자기소개서. 두 번째 평가를 위해 새롭게 준비해야 할 문서들이 도착했다. 우리는 이 서류들을 어떻게 작성해야 할지, 기쁨을 접어두고 고민에 잠길 수밖에 없었다. 하지만 고민이 금방 해결될 리 없었다. 일단 우습게도 우리가 제출한 기획안에 무슨 내용을 적었는지 기억이 나지 않았기 때문이다. 그런 의미에서 제출한 기획안을 검토해 보는 시간을 가졌다.

08. 기획안 완성

<근본 없는 영화> 기획안

* 작품명 : 근본 없는 영화
* 장르 : 코미디
* 분량 : 15분 내외

* 로그라인

영화감독을 준비 중인 백수 석훈(남, 32)에게 전 여자 친구 수진(여, 29)이 찾아와 자신이 쓴 시나리오를 피드백해달라고 요청한다. 시나리오는 석훈과 수진의 실제 연애 이야기. 석훈은 이야기가 세상 밖으로 나가길 원치 않는다.

* 주제 및 기획의도

'영화적이다'의 기준은 무엇일까?

돌이켜보면 영화를 공부하던 학부 시절, 사회와 사람에

대한 주제 의식을 가지고 영화를 만들어야 한다는 강박이 있었다. 그런 강박은 유명한 국내외 영화제들에 상영된 작품들을 동경하면서 더 심해진 듯했다. 그런 성향은 나뿐만 아니라 학부 전체에 전염병처럼 퍼져서 우리는 언제부터 '영화적이다, 영화적이지 않다'라는 알 수 없는 잣대를 가지고 시나리오를 쓰고 영화를 찍었던 것 같다. 하지만 도대체 그 '영화적이다'의 기준은 무엇일까? 어쩌면 작품성이 높다고 평가받는 영화들을 '얼마나 잘 흉내 내는가'가 그 기준이 아니었을까?

나만의 '레디, 액션'에 도전하기 위한 첫걸음

최근 과거의 나와 작별할 시간이 왔음을 느낀다. 예술 영화를 지향했지만 오히려 나의 성향은 재미있고 대중적인 영화에 가까웠음을 받아들이고 있다. 그렇기에 본 작품을 통해서 '영화적이다'에 집착했던 지난날의 초상을 코믹하게 풀어내며 나만의 '레디, 액션'에 도전해 보고자 한다.

*** 주요 인물 소개**
① 석훈 (남, 32살) / 영화감독 지망생 겸 백수

"당사자의 동의도 없이 시나리오 쓰는 거 이거 비윤리적인 거야"

장편 영화 시나리오만 쓰면 자신에게도 봄날이 올 거라 믿고 3년째 시나리오만 쓰고 있는 영화감독 지망생. 그렇게 장밋빛 인생을 꿈꾸던 그에게 전 여친 수진이 가져온 시나리오는 충격 그 자체였다. 왜냐하면 시나리오는 석훈의 민낯을 폭로하는 연애 이야기이기 때문이다. 석훈은 유명한 감독이 되면 이 시나리오가 자기 발목을 잡을 게 분명하다고 생각한다. 석훈은 무슨 수를 써서라도 시나리오가 세상 밖으로 나가는 것을 막고 싶다.

② **수진 (여, 29살) / 워킹맘**
"누구 덕분에 나는 미혼모 혼자 애 키우는데, 그건 윤리적이고?"

석훈과 연애하던 중 생긴 아이를 주변의 반대에도 불구하고 미혼모 신분으로 꿋꿋하게 키우고 있는 워킹맘. 아이를 지우지 않은 것은 자신의 결정이었으나 영화를 한답시고 양육비 한번 제대로 보내주지 않은 석훈에게 복수하려는 계획을 세운다. 영화라고는 석훈에게 주워들은 게 전부지만 자신과 석훈의 연애 이야기를 시나리오로 쓰고 모든 계획을 세운

뒤 석훈을 찾아간다.

*** 줄거리**

<기> "석훈을 찾아온 전 여친 수진, 시나리오 피드백을 요청한다."

영화감독을 준비하는 명목으로 3년 동안 백수 생활 중인 석훈. 전 여친 수진의 부름에 카페로 간다. 수진은 석훈에게 자신이 쓴 시나리오를 피드백해달라고 요청한다. 비전공자가 무슨 시나리오를 쓰냐며 수진을 무시하는 석훈. 빵과 케이크를 사주겠다는 수진의 말에 시나리오 피드백을 시작한다.

<승> "석훈과 수진의 실제 연애 이야기가 담긴 시나리오"

수진의 시나리오 제목은 <서울 드림>. 지방에서 서울로 올라온 커플 이야기라고 한다. 석훈은 연애 이야기는 작품성이 없다고 생각하지만 얻어먹은 점심이 있으니 <서울 드림>을 읽기 시작한다. 커플이 63빌딩에서 데이트하고, 남산타워에서 자물쇠를 걸고, 동거 중에 여자는 임신하고, 엎친 데 덮친 격으로 집주인은 전세금을 올리는데 남자는 무책임하게 도망을 가고… 아니 잠깐, 이 시나리오는 석훈과 수진의 실제 연애 이야기다.

<전> "석훈은 각색을 시도한다."

석훈은 이야기가 세상 밖으로 나가길 원치 않기에 각색을 제안한다. 이런 시나리오는 영화제에 갈 수 없다며, PC적 색채를 띠기 위해 주인공들을 성소수자로 변경하거나, 상업 영화에서 선호되는 장르물로 서사를 바꾸는 등 어떻게든 자신의 치부를 가리려 한다. 하지만 영화제에 가본 적도 없는데 왜 자꾸 영화제 타령을 하냐는 수진의 질문에 자격지심으로 분노하는 석훈.

※ PC : Political Correctness, 정치적 올바름

<결> "수진의 실험 영화 촬영이 끝나다"

결국 화를 참지 못하고 시나리오 피드백을 중단하는 석훈. 영화에 대해서 알지도 못하는 수진이 무슨 영화를 찍겠냐고 원색적인 비난을 퍼붓는다. 하지만 지금까지 모든 상황은 녹화되고 있었다. 사실은 수진이 영화병에 걸린 석훈을 소재로 실험 영화를 촬영 중이었기 때문이다. 그제야 자신이 몰래

카메라에 찍히고 있음을 알게 된 석훈은 초상권 보호를 주장하지만 모자이크 효과 처리되며 영화가 끝난다.

Part3

시나리오로 그리는 세상

01. 자기소개서 : 나를 글로 표현하는 법

    2차 제출 서류를 위한 자기소개서. 아무래도 일반적으로 연출자가 프로젝트의 얼굴을 담당하다 보니 본의 아니게 심사위원들에게 나를 소개해야 하는 상황이 되었다. 사실 나는 자기소개서를 작성해 본 경험이 없다. 회사 입사를 위해 이력서를 작성하고 면접을 준비해 본 경험은 있지만 말이다. 솔직하게 말하면 취업 당시 자기소개서를 필수로 제출해야 하는 회사를 의도적으로 피했다. 꼴에 영화를 배웠다고 '저는 평범한 가정에서 자라 부족함 없이 부모님의 사랑을 받으며' 같은 자기소개를 하고 싶지 않았고 그렇다고 창의적인 방식으로 나를 소개할 자신도 없었다. 물론 학원에 다니던지, 컨설팅 회사에 자문받던지, 하다못해 취업 스터디에 참여해서라도 의지만 있었다면 어떤 방식으로든 자기소개서 작성법을 배웠을 수 있다. 하지만 당시 나의 최종 선택은 회피였다. 자기소개서로부터 도망친 겁쟁이. 그게 나였다.

과거야 어쨌든 현재 우리 영화를 위해서 나는 생전 처음으로 자기소개서를 작성해야 했다. 일단 의문이 먼저 들었다. 도대체 필름 게이트 지원 사업은 왜 나에게 자기소개서를 제출하라고 하는 걸까? 우리 영화에 관한 생각은 기획안을 통해 설득력 있게 전달했으니 1차 서류를 통과한 것이리라. 우리 영화가 어떻게 구현될지는 앞으로 제출할 시나리오를 보면 이해할 수 있을 테고. 그렇다면 영화가 아닌 나에 대해서 왜 그리고 무엇을 알고 싶은 걸까? 이럴 줄 알았으면 취업 준비 당시 어디를 가서라도 자기소개서를 작성하는 요령을 공부할걸. 후회가 막심했다.

포털 사이트에 자기소개서 쓰는 법을 검색했다. 다양한 조언들이 있었지만 한 문장으로 요약하면 자신만의 스토리텔링을 잘하는 것이 중요하다고 했다. 스토리텔링? 굉장히 익숙한 단어다. 내가 지금까지 만들었던 단편 영화, 방송콘텐츠, 웹드라마 모두 사실 스토리텔링에 관한 일들이 아니었던가? 그리고 우리가 1차 전형 때 제출한 기획안도 스토리텔링 방식에 입각한 서류가 아니었던가? 그렇다면 겁낼 필요 없다는 생각이 들었다. '내 삶을 기획안처럼 작성한다.' 생각하면 그다지 생소한 일도 아니다.

자기소개서를 나라는 사람에 대한 기획안으로 치환하기 시작했다. 제목은 박윤우. 장르는 아무래도 진지한 편이 좋을 것 같으니 휴머니즘 드라마. 분량은 한 페이지 내외. 다음은 로그라인 차례다. 현재의 나를 한두 문장의 로그라인으로 정의해보자. 앞에서 말했듯이 로그라인은 주인공이 어떤 사람이고, 어떤 상황에 놓여있고, 어떤 욕망을 가졌는지 서술하면 된다. 이 질문에 대한 대답을 아래와 같이 적어보았다.

① 주인공(나)은 어떤 사람인가?
- 영화를 전공했지만 아버지의 사업 실패로 직장인의 길을 걸었던 사람.

② 주인공(나)은 어떤 상황에 놓여있는가?
- 직장인의 삶을 살며 여러 경험을 통해 내가 생각했던 영화의 정의가 잘못되었음을 깨달았다.

③ 주인공(나)은 어떤 욕망이 있는가?

- 지난날의 나에게서 벗어나 주제 의식과 메시지에 사로잡히지 않고 재밌는 영화를 만들고 싶다.

질문에 대한 답변을 정리해 보니, 생각보다 현재의 나를 소개하기가 어렵지는 않다. 답변을 토대로 자기소개서를 작성했고 구체적인 내용은 아래와 같다.

자기소개서

"영화를 전공하면서 했던 스스로와의 약속, 10년은 버텨보자"

평범한 인문계 고등학생이 그렇듯 저는 별다른 생각 없이 취업이 잘된다는 말을 듣고 대학교에 진학하여 경영학을 전공으로 선택했습니다. 그러다 군대 생활의 유일한 낙이었던 영화라는 매체에 매료되어 제대 후에 영화과로 전과했습니다. 의욕과 달리 25살이라는 늦은 나이에 20살 때부터 영화를 전공한 학우들을 따라잡는 일은 쉽지 않았습니다. 한날은 지도 교수님께서 "영화를 업으로 하면 배고프고 고달프다"라며 취직을 권했지만 저는 "한번 시작했는데 10년은 버텨보고 싶습니다"라고 말씀드리며 스스로 의지를 다졌습니다. 그런 각오가 효과가 있었는지 어느 순간부터 조금씩 성과가 나기 시작했습니다. 연출한 단편 영화들이 10개 이상의 영화제에 초청받고 운 좋게도 몇몇 영화제에서는 수상을 하기도 했습니다. 이렇게 10년을 보내면 어엿한 영화인이 될 거라는 생각이 들었습니다.

"아버지의 사업 실패, 그리고 직장인의 삶"

하지만 졸업 후, 아버지가 사업에 실패하면서 제가 경제 활동을 하지 않으면 가계가 어려운 상황에 놓이게 되었습니다. 그래도 배운 게 도둑질이라고 영화를 전공했으니 다른 영상물을 만드는 일을 어느 정도 잘 해낼 수 있지 않을까, 하는 생각에 콘텐츠 회사의 PD로 입사하게 되었습니다. 처음에는 영화가 아닌 다른 영상물을 만드는 일이 즐겁지 않다고 느껴졌지만 이 일을 열심히 배우면 나중에 영화를 다시 하게 될 때 분명히 도움이 되는 부분이 있을 것이라 믿고 마음을 고쳐먹었습니다. 그렇게 레거시 미디어 방송물, 웹드라마, 애니메이션 등 다양한 프로젝트들을 제작하며 직장인의 삶을 살았습니다. 이러한 프로젝트들은 저에게 영화와 같은 영감을 주지는 못했지만 덕분에 저는 상업성이라는 부분에 눈뜨게 되었습니다. 자본과 많은 사람의 노고가 투입되는 콘텐츠는 필연적으로 상업적 성공이 필요하고 이를 위해 기획 단계에서 대중의 관심을 불러일으킬 수 있는 로그라인, 차별화 포인트, 타겟 분석, 상용화 계획 등에 대한 고민이 있어야 한다는 점을 알게 되었습니다.

"다시, 출발선에 서서"

경제적 문제가 어느 정도 해결되자 이제 다시 영화인으로서 다시 출발선에 서고 싶다는 생각이 들었습니다. 영화를 전공할지 고민했던 25살의 그때처럼 지금 다시 출발선에 서기엔 너무 늦은 나이가 아닐까, 하는 생각이 들기도 합니다. 그럼에도 출발선에 설 결심을 한 이유는 '그래도 10년은 버텨보자'는 자신과의 약속을 지키기 위해서입니다. 그때와 다르게 유연하게 작품을 바라볼 수 있는 저의 '새로운 도전'

을 기대하기 때문이기도 합니다. 아직 많이 부족하지만 한 번 더 도전하고 싶고, 이를 통해 지금보다 한 발짝 앞으로 성장하고자 지원 사업을 신청하게 되었다는 말씀을 드리며 저의 소개를 마칩니다.

02. 캐릭터 아크 : 인물의 변화를 그리다

    기획안 단계에서는 눈치채지 못했었는데 막상 시나리오를 작성하려고 컴퓨터 앞에 앉으니 우리가 만들려는 영화가 일반적인 영화와 다른 점이 있었다. 우리 영화의 주인공은 일반적인 주인공의 영화와 다르다. 주인공인데 무려 악당이다. 과거에 자신의 시나리오를 위해 전 여자 친구를 임신시키고 도망간 주인공 석훈. 아침드라마에서나 나올법한 막장 캐릭터다. 아침드라마에서는 보통 이런 캐릭터가 조연의 포지션에서 주인공을 괴롭히는 경우가 많은데 우리 영화에서는 막장 캐릭터가 주인공이다.

    물론 많은 영화에서 주인공이 선하기만 한 것은 아니다. 대다수의 영화 주인공은 어느 정도 결함을 가지고 있다. 사랑보다는 돈을 중요시한다든지, 타인을 잘 믿지 못한다든지, 부모님을 원망한다든지 말이다. 하지만 이런 결함이 있는 주인공들도 영화가 끝날 즈음에는 극적인 사건을 겪으며 변화하기 마련이다. 부모와 자녀가 화해하고, 연인들이 서로 간의 오해를 풀고, 라이벌이 서로를 존중하게 된다.

그런데 문제는 우리 영화에선 주인공에게 그런 엔딩이 어울리지 않아 보인다는 점이다. 연인을 버리고 도망간, 영화병에 걸린 남자가 끝내는 자신의 과거를 뉘우치고 연인과 재결합한다? 말이 안 되는 건 아니지만 우리가 만들고 싶은 영화와 방향성이 맞지 않다. 우리 영화의 장르는 코미디인데 이런 해피엔딩은 웃기지도 감동적이지도 않다. 여전히 영화병에 벗어나지 못하고 허우적거리는 주인공을 보여주는 것이 코미디적 엔딩에 적합해 보였다.

하지만 한편으로 엔딩이 이래도 되나? 이런 질문이 드는 건 어쩔 수 없었다. 특히 누군가가 나에게 해피하지 않은 엔딩을 고집하는 이유를 묻는다면 명확한 이유를 설명하지 못하는 것이 문제. 그렇다고 그냥 '이유는 없고 제 감으로는 언 해피엔딩이 맞는 것 같아서요.'라고 하기엔 뭔가 석연치 않은 기분. 나는 이 문제를 해결하기 위해 시나리오 작법서를 찾아봤고 『캐릭터 아크 만들기』(경당, 2022)라는 책에서 힌트를 얻을 수 있었다.

먼저 캐릭터 아크라는 개념에 대해서 간단히 설명하고 넘어가는 게 좋을 것 같다. 캐릭터 아크는 '이야기의 줄거리가 진행되는 동안 일어나는 등장인물의 변화 또는 내면의 여정'을 의미한다. 나는 이 문장을 쉽게 이해하기 위해 '영화가 끝날 때 인물의 심경이 어떻게 변했나?'로 해석한다. 주인공이 사랑의 힘을 믿게 되고, 가족의 소중함을 깨닫게 되는 등의 심경의 변화는 가장 일반적인 캐릭터 아크, 즉 심경의 변화인 셈이다.

그럼, 이 캐릭터 아크라는 개념을 우리 영화의 주인공 석훈에게 대입해 보자. 영화가 시작될 때 석훈은 연인보다 자신의 시나리오 즉 성공이 더 중요한 인물이고 영화가 끝날 때는 여전히 자신의 왜곡된 가치관을 고수하는 캐릭터. 어? 큰일이다! 이러면 캐릭터 아크가 없다는 건데, 우리 영화 이대로 괜찮은 걸까?

다행스럽게도 책에 따르면 인물이 더 나쁜 상태로 변하는 것도 하나의 캐릭터 아크 유형에 속한다고 한다. 이를 몰락형 캐릭터 아크라고 말하는데 우리가 흔히 알고 있는 비극이 이 캐릭터 아크 유형에 속한다. 몰락형 캐릭터 아크는 인물의 변화보다도 거짓과 왜곡으로 점철된 세계를 우회적으로 보여주는 데 효과적이라고 하니 한편으로 우리 영화와 잘 맞는다고 느껴졌다.

이로써 우리 영화의 엔딩과 캐릭터 아크가 정해졌다. 물론 책을 통해 나름의 개념을 정립했지만 여전히 일반적이지 않은 엔딩에 대한 불안감이 없지는 않다. 하지만 아무렴 어떤가. 적어도 근본 없이 자유롭게 영화를 만들어보자는 우리의 다짐과는 잘 어울려 보이니 의심하지 말고 앞으로 나아가기로 했다.

03. 도발적 사건 : 이야기의 물꼬를 트다

　엔딩이 정해졌으니 시나리오 초반부를 작성하기 시작했다. 내 경우 시나리오 초반부에서는 '도발적 사건'이 잘 드러나는가에 중점을 둔다. '도발적 사건'이란 '주인공의 일상을 뒤흔드는 사건'이다. 작법서에는 도발적 사건을 통해 이야기가 본격적으로 진행되기 시작해 갈등, 위기, 절정, 결말 단계에 이른다고 한다. 조금 쉽게 이해하기 위해 도발적 사건의 예를 들자면 평범한 일상을 보내고 있는 주인공에게 초능력이 생긴다든지, 가난하게 살고 있던 주인공이 숨겨진 재벌가의 자식임을 알게 된다든지, 믿었던 애인이 알고 보니 다른 사람과 바람을 피우고 있다는 사실을 알게 되었다든지 등이다.

　이런 도발적 사건들이 있어야 주인공은 본격적으로 일상에서 벗어나 새로운 도전 혹은 선택을 할 수밖에 없기에 도발적 사건은 시나리오 초반에 가장 중요한 역할을 한다. 물론 관객들도 도발적 사건이 매력적일수록 앞으로 영화가 어떻게 흘러갈지 흥미진진한 마음으로 이야기를 따라가기 마련. 그렇다면 우리 영화의 도발적 사건은 무엇일까?

우리 영화의 도발적 사건은 '주인공 석훈에게 전 여자 친구 수진이 석훈의 치부가 담긴 시나리오를 가져온다'이다. 남자로서 임신한 연인을 버리고 잠적한 석훈의 치부가 담긴 시나리오. 이 시나리오를 석훈이 보게 되었다는 점에서 충분히 '도발적인 사건은 맞다'라고 느낀다.

하지만 몇 가지 의문이 들었다. 석훈이 전 여자 친구를 만나는 줄까? 회피하는 성격이라 석훈이 전 여친을 보면 꽁무니가 빠지게 도망가지 않을까? 한 마디로 석훈이 이 상황에서 빠져나갈 구멍이 많아 보이는 게 문제였다. 이렇게 되면 충분히 도발적인 사건이 아니다. 영화를 보는 관객들도 이를 느낄 확률이 높다. '나라면 바로 화장실 가는 척하고 도망가 버리지!'. '애초에 전 여친이 갑자기 보자고 한다고 보러 가는 주인공이 멍청하지'. 이런 생각이 들 수 있으니까 말이다.

좋아. 그렇다면 주인공 석훈이 빠져나가고 싶어도 빠져나갈 수 없는 상황을 만들기로 했다. 그런 상황을 만들기 위해 새로운 인물을 투입했다. 그 인물은 바로 석훈의 현재 여자 친구인 미영. 미영은 자영업자로 현재 카페를 운영하고 있고 돈이 없는 백수 석훈은 항상 미영의 카페에서 신세를 지며 글을 쓰고 있다고 설정했다. 미영은 석훈의 과거(임신한 연인을 버리고 잠적한)를 모르고 있다. 당연히 석훈이 그런 과거를 말했을 리 없을 테니까 말이다.

이런 상황에 놓여있는 석훈에게 전 여자 친구 수진이 찾아왔다. 여기서 석훈이 갑자기 도망치면 이상한 사람이 된다. 시나리오에 쓰인 자신의 치부가 사실임을 인증하는 꼴이 돼 버리니까. 더 극적인 상황을 만들기 위해 현재 여자 친구 미영은 수진이 가져온 시나리오를 읽어보고 싶다며 관심을 가진다. 석훈은 더더욱 안절부절못한다. 석훈이 할 수 있는 거라곤 말도 안 되는 이유를 들어 시나리오가 별로라는 핑계로 각색을 권하는 정도다.

너무 석훈의 환경을 모질게 만들었나 죄책감이 들긴 하지만 이야기의 긴장감이 한층 높아졌다. 새로운 캐릭터 추가로 도발적 사건의 완성도가 높아진 듯했다. 만족스러웠다. 한편으로 왜 이렇게 사람들이 아침드라마에 열광하는지 이해되었다. 아침드라마는 굉장히 도발적인 사건을 사용하곤 한다. 내 딸이 알고 보니 내 딸이 아니라든지, 내 연인이 알고 보니 배다른 형제자매였다든지, 성실하고 자상한 남편이 몰래 바람을 피우고 있었다든지. 모두 훌륭한 도발적 사건이다. 다만, 도발적 사건의 레퍼토리가 끊임없이 반복되다 보니 아침드라마에 흥미를 잃은 사람들이 늘어나고 있을 뿐. 물론 도발적인 사건에 집착하라고 말하고 싶지는 않다. 도발적 사건이라는 개념을 이해하고 있으면 시나리오의 초반 부분을 흥미롭게 만드는 데 도움이 된다는 점을 알리고 싶다.

04. 미드포인트 : 갈림길에 선 순간

어찌어찌 시나리오 초고를 완성했다. 나에게 손뼉을 쳐주고 싶다. 잘 썼든 못 썼든 초고를 완성하는 순간만큼은 스스로가 대견스럽다. 물론 초고를 다시 읽어보면 형편없는 글솜씨에 부끄러워지는 경우가 많다. 초고는 시나리오를 더 나은 방향으로 발전시킬 수 있는 원석이다. 원석을 발견한 것만으로도 의미 있는 글쓰기에 성공했다고 본다.

일주일 정도 아무 생각 없이 평범한 하루하루를 보냈다. 음식 평론가들이 새로운 음식을 먹기 전에 물로 입을 헹구듯 시나리오를 고치기 전에는 조금 시간을 가지며 초고에 대한 편견을 없애려고 노력하는 편이다. 일주일 후, 다시 컴퓨터 앞에 앉아 소리 내 여러 번 시나리오를 읽어본다. 그냥 눈으로 읽는 것보다 소리 내어 시나리오를 읽으면 더 객관적으로 느꺼지는 것 같다. 초고를 읽은 나의 심정은 이렇다. 이 정도면 나쁘진 않다. 긍정적인 부분도 있고 그렇지 않은 지점도 있다. 초고를 고치는 일은 긍정적인 부분을 풍성하게 살리면서 나쁜 부분을 개선하는 게 핵심. 그때마다 나는 '미드포인트'를 중심으로 시나리오를 다시 검토하곤 한다.

미드포인트의 개념은 단순하다. 미드포인트는 스토리의 절반 지점을 의미한다. 그러면 왜 스토리의 절반 지점을 유심히 봐야 하는 걸까? 작법서는 미드포인트를 '주인공의 변화와 갈등이 심화하기 시작하는 심장부 같은 지점'이라고 말한다. 나의 언어로는 스토리의 중간 지점부터 '무언가 관객을 집중시킬 만한 이야기의 전환을 만들어야 한다'로 해석하고 있다. 아무리 단편 영화여도 20분 내외의 시간은 절대 짧은 시간이 아니다. 우리는 유튜브의 쇼츠 영상을 볼 때조차 10초, 아니 그보다 더 짧은 시간 내에 해당 영상이 흥미롭지 않으면 건너뛰어 버리지 않는가. 그렇기에 도발적 사건을 통해 초반부에 관객의 흥미를 끌어왔다면 영화가 클라이맥스로 치닫기 전까지 그 흥미를 유지할 필요가 있다. 미드포인트는 그 임무를 수행한다고 생각한다.

예를 들어서 아버지의 원수를 갚기 위해 복수를 준비하는 사무라이 주인공에 관한 영화가 있다고 가정하자. 주인공은 아버지의 원수인 A에게 복수하기 위해 초반부에 혹독한 수련을 하고 훌륭한 스승을 만나며 복수의 칼날을 갈아왔을 것이다. 그리고 영화의 중반부에서 원수 A를 무찌르며 복수에 성공하게 된다. 이대로 복수가 끝나고 주인공이 행복하게 사는 장면들로 영화의 나머지를 구성하면 너무 심심하다. 그렇기에 무언가 미드포인트에서의 변주가 필요하다.

만약 죽어가는 원수 A가 주인공에게 '사실 너희 아버지를 죽이라고 시킨 건 B라는 사람이다. B라는 사람이 자신에게 의뢰했고 자신은 단지 돈이 필요해서 B의 의뢰를 승낙했을 뿐이다.'라고 말하면 어떨까? 이렇게 되면 주인공이 복수해야 할 대상이 변경된다. 주인공은 새로운 적을 무찌르기 위해 또 다른 장애물을 맞이하게 될 것이다. 이러한 미드포인트 덕분에 관객은 영화의 후반부 이야기를 궁금해하며 따라갈 수 있다. 과연 주인공이 진짜 원수를 무찌를 수 있을지 기대 반 걱정 반으로 가슴을 졸이며.

    다시 내가 쓴 초고로 돌아와 문제점을 살펴보았다. 현재 여자 친구 카페에서 시나리오를 쓰고 있는 주인공 석훈에게 전 여자 친구 수진이 찾아온다. 수진은 시나리오를 피드백해 달라고 요청한다. 석훈이 시나리오를 읽기 시작하자 한 남자와 여자의 연애 이야기가 시작된다. 지방에서 상경한 두 남녀가 원룸에서 같이 살고 있고, 가난하지만 나름 행복하게 살고 있던 와중에 여자가 임신했음을 밝힌다. 그런데 남자는 자신은 시나리오를 써야 한다며 잠적해 버린다. 현실에 있던 석훈은 당황한다. 시나리오는 자신이 감추고 싶은 치부를 담고 있다. 석훈은 현재 여자 친구의 눈치가 보여 도망치지도 못하고 이런저런 핑계를 대며 더 좋은 시나리오로 발전시키기 위해 각색을 제안한다. 수진은 제안을 승낙하고, 다시 시점이 변경되어 시나리오는 석훈의 말대로 점차 이상한 방향으로 가기 시작한다. 그러자 다시 현재로 돌아와 수진은 시나리오가 이상해지고 있다고 의문을 제기하고, 석훈은 다른 방식의 각색을 제안한다. 다시 시점이 시나리오 속으로 이동해서 시나리오가 변하고…. 음…. 이렇게 시나리오를 요약해 보니 이야기가 산만하다.

이야기의 시점 변경이 너무 잦은 게 큰 문제다. 하지만 어떻게 시나리오를 수정해야 할지 모르겠다. 그럼, 우리 영화의 절반 지점을 찾아보자. 우리 영화의 미드포인트는 수진이 가져온 시나리오가 자신의 치부를 담고 있음을 알게 된 석훈이 시나리오를 이상하게 각색하기 시작하는 부분이다. 그렇다면 시점 변경을 최소화하면서 미드포인트에서 변주를 줄 방법은 무엇일까? 어려운 고민이 시작되었다.

아이디어가 하나 떠올랐다. 미드포인트에서 '현실의 주인공들이 시나리오 세계로 들어가면 재밌겠다'라는 아이디어. 시간 탐험대처럼 주인공들이 차원의 관문을 넘는 방식은 아니다. 우리는 누군가와 대화를 나눌 때, 각자의 머릿속으로 대화 내용을 상상하곤 한다. 예를 들어 친구가 전날 늦게 자서 일찍 출근해야 하는데 일어나보니 오전 열 시였다는 이야기를 들려준다고 가정해 보자. 우리는 친구의 이야기에 몰입하며 마치 내가 지각을 한 것 같은 착각에 빠지는 경우가 있다. 늦은 아침, 부스스한 상태로 침대에서 일어나 핸드폰을 봤는데 액정 속 시계가 10시를 가리키고 있는 걸 확인하고 소리를 지르며 부리나케 화장실로 달려가는 나의 모습이 쉽게 떠오른다. 물론 우리의 상상 속 장면은 친구가 겪은 실제일 수도 있고 아닐 수도 있다. 요지는 우리는 흔히 대화하며 머릿속으로 이야기를 시각화하는 작업을 무의식적으로 한다는 것이다.

즉 열변을 토하며 카페에서 대화를 나누던 영화 속 인물들이 자기도 모르는 사이 시나리오 속으로 들어가 대화를 이어가면 관객은 지금 무슨 일이 일어난 거지? 의문을 품을 것이다. 자연스럽게 이야기를 따라가다 보면 현재 상황이 대화하면서 무의식적으로 이야기를 시각화하는 우리의 경험을 토대로 했음을 이해하게 되지 않을까? 다음 장에 첨부할 최종 시나리오를 확인해 보길 권한다.

05. 시나리오 완성

#1 카페 / 낮

카페에 마주 보고 앉아 있는 석훈과 수진.
석훈은 못마땅한 표정으로 수진을 바라보고 있다.

석훈   단편 영화를 찍겠다고? 니가? 왜?
수진   영화를 찍는데, 꼭 이유가 필요해?
석훈   당연하지. 니가 비전공자라 잘 몰라서 그러는 것 같은데, 영화에는 주제 의식과 메시지가 있어야 해. 그게 없는데 어떻게 영화를 만들어?

잘 모르겠다는 수진의 표정.

수진   그게 꼭 있어야 해?
          그냥 내가 하고 싶은 이야기를 영화로 만들어도 되는 거잖아.

석훈은 어이없다는 듯 코웃음을 친다.

석훈   답답하네. 야. 니가 하고 싶은 이야기는 그냥 일기장에 다가 써. 관객이 니 일기장을 왜 영화로 봐야 하냐고.

생각보다 자신의 목소리가 크게 튀어나오자 흠칫 놀라 뒤를 돌아보는 석훈. 카페 주방에서 쟁반에 음료를 담고 있는 미영의 눈치를 살핀다. 석훈과 눈이 마주치자, 눈을 찡긋하며 금방 그쪽으로 가겠다고 손짓하는 미영. 미영의 윙크에 뻘쭘하게 고개를 끄덕이고, 다시 수진을 바라보는 석훈.

석훈   아. 진짜. 사람 곤란하게 여기까지 찾아와서 실없는 소리 하고 있네.

잠시 후, 미영이 커피와 빵이 담긴 쟁반을 들고 다가온다.

미영   이것 좀 드시면서 말씀 나누세요.

묵례하며 미영에게 감사를 표하는 수진.
미영은 수진을 견제하는 눈치다. 석훈에게 다가가는 미영.
반쯤 들으라는 듯 귓속말 아닌 귓속말을 한다.

미영	근데 자기야. 저분은 누구야?

아… 혹시 자기가 말하던 제작산가 투자산가 뭐 그런 쪽 일 하시는 분인가?

우물쭈물하는 석훈. 수진이 대신 답변한다.

수진	아. 안녕하세요.

저는 감독님 대학 후배 박수진이에요.

제가 이번에 시나리오를 썼는데, 감독님 피드백 좀 받으려고 왔어요.

가방에서 시나리오를 꺼내는 수진.
겉표지에 〈서울 드림〉이라는 제목이 보인다.
석훈의 후배라는 말에 다소 안심하는 표정을 짓는 미영.
걱정이 사라진 듯 얼굴이 밝아진다.

미영	감독님 후배셨구나. 저는 감독님도 그렇고, 이렇게 시나리오 쓰시는 분들 보면 너무 대단한 것 같아요. 시나리오라는 게 어떻게 보면 상상만으로 무에서 유를 창조하는 일이잖아요.

수진	저는 상상력이 부족해서, 그렇게 대단한 시나리오를 쓴 건 아니고요.

그냥 제 자전적인 이야기… 조금 써봤어요.

미영   아! 그 말로만 듣던 실화를 바탕으로?

고개를 끄덕이는 수진. 석훈의 표정이 더욱 불편해진다.
관심을 보이며 테이블 빈자리에 앉는 미영.

미영   너무 재미있겠다! 제가 또 감동 실화 영화 엄청 좋아하거든요.

혹시 두 분께 실례가 안 된다면 저도 시나리오 같이 봐도 될까요?

수진   네. 저는 괜찮을 것 같은데, 감독님은요?

불안한 표정으로 두 여자를 살펴보는 석훈.
마지못해 고개를 끄덕인다.

석훈   그러지, 뭐…

수진이 건네준 시나리오의 첫 페이지를 넘기는 석훈.

자막   본 작품은 실제 단체, 인물과 관련이 없습니다

#2 원룸 (수진의 시나리오) / 낮

빌라들이 빼곡한 빌라촌의 거리. 카메라가 빌라 중에 유독 낡고 오래된 한 건물에 다가간다.

수진 NA   이 영화는 자그마한 서울의 한 원룸에서 시작합니다.

Cut to

원룸 실내. 이삿짐을 옮기고 있는 수진과 남자 친구의 뒷모습.

수진 NA   이곳은 저에게는 꽤나 의미 있는 공간이었죠. 서울에서 상경한 저와 제 남자 친구가 돈을 모아 처음으로 마련한 저희만의 공간이었으니까요.

Cut to

이삿짐이 어느 정도 정리된 원룸 실내.
바닥에 신문지를 깔고 짜장면을 먹고 있는 수진과 남자 친구.

수진   오빠. 우리 결혼할까?

남자 친구의 젓가락질이 멈춘다.

수진   어차피 할 거 빨리하면 좋잖아.
         그리고 결혼하면 신혼부부 전세대출도 받을 수 있고.

말없이 짜장면을 먹기 시작하는 남자 친구의 뒷모습.

수진   아니…. 내가 부담 주려던 건 아니고, 그냥 한번 생각해보라고.
         결혼한다고 뭐가 크게 달라지겠어? 지금처럼 오빠는 글 쓰고, 나는 일하고. 그냥 이렇게 소소한 일상의 연속일 텐데 뭘.

Cut to

늦은 밤. 수진은 매트리스에 이불을 반쯤 덮고 누워 남자 친구의 뒷모습을 바라보고 있다. 책상에서 노트북으로 시나리오를 쓰고 있는 남자 친구의 뒷모습.

수진 NA   남자 친구가 결혼을 조금 부담스러워하긴 했지만, 그래도 행복한 날들이었어요. 적어도 타지에서 누군가 내 옆에 있다는 사실만으로 저에게는 많은 위로가 되었으니까요.

남자 친구의 뒷모습을 안쓰럽게 바라보는 수진.

수진 NA　　하지만 행복이 멀리 있지 않은 것처럼 불행도 생각보다 가까이 있다는 사실을 깨닫는 데 오래 걸리지 않았어요.

인서트　　서울의 낮과 밤이 빠르게 지나간다.
인서트　　서울의 시가지 풍경.
　　　　　빠르게 이동하는 차량들과 길을 걷는 사람들.
인서트　　서울의 시가지와 대비되는 빌라의 풍경.
　　　　　고요하다.

Cut to

늦은 저녁. 여전히 책상에 앉아 노트북으로 시나리오를 쓰고 있는 남자 친구. 화장실에서 물 내리는 소리가 들리더니 잠옷 차림의 수진이 화장실 문을 열고 남자 친구를 바라본다. 수진의 손에는 임테기가 들려 있다.

수진   오빠, 나 임신한 것 같아.

불안한 표정으로 남자 친구를 바라보는 수진.

수진   우리 이제 어떻게 하지?

#3 카페 / 낮

카페에 손님이 들어왔는지 문소리가 들린다.
읽고 있던 시나리오를 테이블에 내려놓는 미영.

미영   이 타이밍에 손님이라니. 완전 몰입하고 있었는데. 두
       분, 잠시만요. 저는 잠깐 카운터에 다녀올게요.

카운터로 가려던 미영이 돌아와 시나리오를 가져간다.

미영   너무 궁금해서 그래요.
       저는 저기서 마저 읽고 있을 테니까.
       두 분은 알아서 이야기 나누고 계셔요.

미영이 카운터로 가는 것을 확인하고 정색하는 표정을 짓는 석훈.

석훈 지금 뭐 하자는 거야?
수진 왜? 별로야?

당혹스러움을 감추기 힘든 표정의 석훈. 목소리가 떨린다.

석훈 이거 우리 이야기잖아.

#4 원룸 (수진의 시나리오) / 낮

화장실 앞에 우두커니 서 있는 수진.

수진 오빠. 왜 아무 말이 없어?
　　　　무슨 말이라도 좀 해봐.

처음으로 시나리오를 쓰고 있던 남자 친구의 얼굴이 선명하게 보인다. 석훈이다.

석훈 어떻게 했으면 좋겠는데?

수진   어떡하긴 뭘 어떡해. 키워야지. 지울 순 없잖아.

석훈   그럼, 내 시나리오는 어떻게 하라고?

수진   미안한데, 시나리오는 조금 뒤로 미루면 안 될까?

고개를 숙이는 석훈. 노트북에 아직 다 쓰지 못한 자신의 시나리오를 바라본다.

석훈이 타이핑을 멈추자 제자리에서 깜빡거리는 텍스트 커서.

수진   그리고 낮에 집주인한테 연락 왔어. 다음 달부터 전세금 올린대.
시나리오도 좋지만, 현실도 무시할 수 없잖아. 우리 일단 이상보다 현실을 살아보자, 오빠.

말없이 자리에서 일어나는 석훈. 문을 열고 밖을 나간다.

#5 카페 / 낮

시나리오를 읽으며 테이블에 다가오는 미영. 심취한 듯 시나리오의 나레이션을 읽고 있다.

미영 "그리고 그게 제 남자 친구의 마지막 모습이었습니다"
와. 이거 남자 친구가 완전히 쌍노무 새끼인데요.
수진 씨라고 했나요. 이 이야기 진짜 실화 맞아요?

수진 (씁쓸하게 고개를 끄덕이며) 네.

미영 완전 대박.
근데 이 남자는 그럼 어떻게 지내고 있대요?
처자식 내팽개치고, 아직도 자기 시나리오 써보겠다고
여기저기 기생하며 사는 거 아닌가 몰라.

물끄러미 석훈을 바라보는 수진. 안절부절못하는 석훈.
갑자기 자리에서 일어나 미영이 읽고 있던 시나리오를 빼앗아 바닥에 내팽개친다.

석훈 이런 싸구려 감성팔이 신파 이야기. 이제 지겹다고. 영화가 무슨 다큐멘터리야. 그럴 거면 실화탐사대 같은 다큐멘터리나 만들라고.
지금, 이 시나리오는 전혀…

일단 내뱉고 본 자신의 말을 마무리하기 위해 고민하는 석훈.

석훈 영화적인 느낌이 없어!

별일 아니라는 듯 바닥에 떨어진 시나리오를 줍고 다시 자리에 앉는 미영.

수진 영화적인 느낌…이라는 게 뭔 데요?

뻘쭘한 석훈은 횡설수설하며 카페 주방으로 향한다.

석훈 영화제가 원하는 느낌 몰라? 단편 영화는 무조건 영화제 진출이 필수라고. 왜냐면 단편 영화는 영화제에 못 가면 관객을 만날 기회가 없기 때문이지.
수진 그럼, 관객들이 좋아할 만한 단편 영화를 만들어야겠네요.

수진이 설득당하는 듯 보이자 다시 수진의 테이블로 다가오는 석훈. 자신감에 찬 목소리로 말한다.

석훈 아니. 심사위원이 좋아할 만한 영화를 만들어야지. 영화제에 초청작을 누가 선정하겠어? 당연히 심사위원이잖아.
미영 나도 자기한테 들은 말 생각난다. 수진 씨 단편 영화는 그냥 장편 영화를 찍기 위한 등용문이래요. 그래서 심사위원의 눈에 띄는 게 중요하다고 하더라고요.
수진 그러니까 심사위원이 좋아하는 그 영화적인 느낌이 뭐냐니까요?
그걸 알아야 그 느낌을 넣던지 말던지 하죠.

수진의 눈치를 살피는 석훈.
서성거리다 좋은 생각이 났는지 걸음을 멈춘다.

석훈 시나리오를 조금 각색을 하면 될 것 같아.
영화적인 느낌으로다가.
수진 각색이요? 어떻게요?
석훈 다들 최근 미국의 영화 트렌드 알지?
Political Correctness. 줄여서 PC.
미영 아. 피씨? 그 흑인 인어 공주? 그거랑 이 시나리오랑 무슨 상관이야?
석훈 일단 이 시나리오는 남자주인공이 너무 뻔해. 누가 봐도 아침드라마에 나오는 뻔한 악당 같잖아. 차라리 주인공들을 성소수자로 바꾸는 거야. 그러면 뻔한 남녀의 연애 이야기가 동성애자들의 슬픈 현실 이야기로 바뀌면서 영화적인 느낌이 생긴다, 이 말이지.
수진 그럼, 레즈비언들이 주인공이 되는 거예요?

#6 원룸 (수진의 시나리오) / 낮

빌라들이 빼곡한 빌라촌의 거리. 카메라가 빌라 중에 유독 낡고 오래된 한 건물에 다가간다.

수진NA   이 영화는 자그마한 서울의 한 원룸에서 시작합니다.

Cut to

원룸 실내. 이삿짐을 옮기고 있는 수진과 미영.

수진NA   이곳은 저에게는 꽤나 의미 있는 공간이었죠. 서울에서 상경한 저와 제 여자 친구가 돈을 모아 처음으로 마련한 저희만의 공간이었으니까요.

이삿짐이 어느 정도 정리된 원룸 실내.
바닥에 신문지를 깔고 짜장면을 먹고 있는 수진과 미영.

수진   언니. 우리 결혼할까?

미영의 젓가락질이 멈춘다.

수진　　어차피 할 거 빨리하면 좋잖아.
　　　　　그리고 결혼하면 신혼부부 전세대출도 받을 수 있고.
미영　　(카메라를 바라보며) 잠깐. 이거 말이 안 되잖아.

#7 카페 / 낮

고개를 갸우뚱거리는 미영.

미영　　자기야. 한국에서는 동성결혼이 법적으로 허용이 안 돼.
수진　　맞아요. 그러니까 당연히 신혼부부 전세대출도 신청 못 하구요.
석훈　　아… 느낌 좋았었는데. 아니 근데, 꼭 시나리오에서 말하는 결혼이 법적인 결혼일 필요는 없잖아.

의아한 표정의 미영과 수진.

석훈　　결혼이라는 단어는 일종의… 음… 메타포인 거지. 평생 함께하자는 뜻의. 영혼결혼식 몰라?
　　　　　영혼끼리 법적으로 무슨 결혼을 하겠어?
　　　　　그냥 죽어서도 함께 한다 이런 의미지.

수진   그러면, 그다음 씬은 어떻게 해요?

#8 원룸 (수진의 시나리오) / 낮

늦은 저녁. 책상에 앉아 독수리 타법으로 시나리오를 쓰고 있는 미영. 화장실에서 물 내리는 소리가 들리더니 잠옷 차림의 수진이 화장실 문을 열고 미영을 바라본다. 수진의 손에는 임테기가 들려 있다.

수진   언니. 나 임신한 것 같아. 우리 이제 어떻게 하지?

임신 테스트기를 확인하는 미영. 혼란스러운 표정을 지으며 카메라 너머를 바라본다.

미영   임신? 우리 둘이? 우리 둘 다 여자인데?

카메라 너머에 있던 석훈이 좋은 생각이 난 듯 손뼉을 치며 수진과 미영에게 다가온다.

석훈   주인공이 성소수자지만 아이를 가지고 싶은 마음에 몰래 인공수정을 한 거지.

황당하다는 표정을 짓는 수진과 미영.

미영　　자기야. 영화적인 것도 좋지만 너무 공감이 안 되는데.
수진　　관객이 보기엔 주인공이 그냥 외간 남자랑 불륜을 저지른 것 같은데요.
　　　　이거야말로 아침드라마 설정 아니에요?
미영　　자기야. 인공수정 비용은 어떻게 감당할 거야?
　　　　여기 주인공들은 그렇게 경제적 형편이 좋지 않은 것 같은데? 그게 가능해?

석훈을 뚫어져라 바라보는 두 여자.

석훈　　그… 그러면 차라리 장르적으로 접근해 보는 건 어때?
　　　　장르 영화가 또 영화제에서 잘 먹히거든.
수진　　장르요? 어떤 장르요?

#9 원룸 (수진의 시나리오) / 낮

화장실 앞에 우두커니 서 있는 수진. 조심스럽게 임신 테스트기를 미영에게 보여준다.

수진   언니. 저 아무래도 바이러스에 감염된 것 같아요.

갑작스럽게 온몸을 비틀기 시작하는 수진. 좀비로 변하고 있다.
좀비로 각성한 수진이 고개를 돌려 미영을 바라본다.
반인반좀 상태인 수진의 얼굴. 미영의 얼굴이 창백하게 질린다.
좀비로 변한 수진이 기괴한 소리를 내며 미영에게 다가온다. 뒷걸음질하는 미영.

수진   크으으으…… (사레가 들린 듯) 콜록콜록.

목이 아픈 듯 헛기침을 하는 수진. 화면 밖에서 짜증 섞인 석훈의 컷소리가 들린다.

수진   (헛기침을 하며) 하필 많고 많은 장르 중에 왜 하필 좀비물이죠?

미영   그리고 임테기로 좀비 바이러스에 감염된 걸 파악하는 건 듣도 보도 못한 방법인데? 개연성이 너무 없지 않나.

카메라로 촬영 중이던 석훈이 고민에 빠진다.

석훈   그럼 차라리 클래식하게 오컬트?

#10 원룸 (수진의 시나리오) / 낮

화장실 앞에 우두커니 서 있는 수진.
수진이 들고 있던 임테기에 검은색 선 한 줄이 그려지기 시작한다.

수진   언니. 나 임신한 것 같아.

암울한 표정을 짓는 미영.

미영   이건 악마의 씨앗이야. 적그리스도가 현세에 출현한다는 의미지.

한쪽 구석에서 손으로 악마 그림자를 만들고 있는 석훈. 매우 진지해 보인다. 수진의 그림자가 조악한 악마 형상으로 변한다.
부엌에서 식칼을 꺼내는 미영. 수진에게 다가온다. 두려움에 벌벌 떨며 뒷걸음질 치는 수진.

수진   언니. 진정해요. 이건 악마가 아니라.
         인공수정이라고요. 인공수정.
         시험관 아기 몰라요?
미영   거짓은 진실을 이길 수 없지. 나는 악마의 속삭임에 넘어가지 않아.

칼을 높이 드는 미영. 수진은 절망한 듯 눈을 감는다. 환희에 찬 표정의 석훈. 누군가가 현관문을 두드리는 소리가 들린다. 멈칫하는 세 사람. 잠시 후, 현관문이 열리고 두리번거리고 있는 한 남자가 보인다.

손님1 저기요. 주문 좀 할게요.
미영   죄송해요. 오늘따라 손님이 많네요. 이상하네.
         평소 이 시간에는 손님이 없는데. 오늘 근처에서 무슨 축제가 있나?

황급히 현관문을 나서는 미영. 수진은 자리에서 일어나 거실의 커튼을 걷으려고 한다.

수진 근데 이건 좀 아닌 것 같아요. 저는 제 원래 시나리오대로 갈래요.

수진이 걷으려는 커튼을 다시 치는 석훈.
창밖의 빛이 거실로 들어오려다 커튼에 막힌다.

석훈 장난치냐? 너 그 시나리오 무조건 고쳐. 내 발목 잡으려고 작정했어?
당사자의 동의도 없이 니 마음대로 내 이야기 시나리오로 쓰는 거. 이거 비윤리적인 행동이야. 알아?
수진 오빠 이야기기도 하지만 내 이야기기도 하지. 그래서 사실 나도 내 이야기를 영화로 만든다는 게 썩 마음이 편하지는 않아.
석훈 그래. 맞아. 우리 치부를 세상에 드러내서 서로한테 좋을 게 뭐가 있겠어?

잠시 고민에 빠지는 수진. 결심한 듯 커튼을 열어젖힌다.

창밖의 환한 빛이 거실을 비춘다.

수진 근데 언제까지 현실을 외면할 수만은 없잖아.
석훈 무슨 소리야?

수진이 거실 안쪽 방으로 향한다. 수진을 따라가는 석훈.
안방에는 수진의 아들이 누워있다. 아들 옆에 나란히 눕는 수진.

아들 엄마. 나 그런데, 아빠 한번 보면 안 돼?
수진 왜? 보면 실망할 텐데.
아들 그래도 아빠잖아. 나 실망 안 할 자신 있어.

내키지 않아 보이는 수진의 표정.

수진 진짜? 그렇게 보고 싶어? 그런데 아빠 한번 보면 그다음에는 더 못 볼 수 있는데 괜찮아?

고개를 끄덕이는 아들.

아들 그럼 아빠 보는 날 엄마가 영화 찍어주면 되겠다. 아빠도 영화 좋아한다면서. 우리 같이 영화 찍어 놓으면 아빠 보고 싶을 때 그 영화 다시 보면 되잖아.

문지방 앞에서 이 광경을 바라보고 있던 석훈.

석훈　　말도 안 돼. 이건 거짓말이야.

수진　　아니. 이건 진짜야. 단지 오빠가 모르고 있던 이야기일 뿐이지.

이불 속 가방에서 소형카메라를 꺼내는 수진. 석훈의 모습을 촬영하기 시작한다.

석훈　　지금 뭐 하는 거야?

수진　　오빠는 오늘 내가 왜 여기 왔다고 생각해? 이미 영화는 아까 전부터 시작됐어. 지금도 녹화 중이니까 연기를 조금 자연스럽게 해줬으면 좋겠네. 이제 곧 있으면 가장 중요한 씬이 시작되니까 말이야.

석훈이 뒷걸음질한다.

석훈　　지금까지 영화를 찍고 있었다고? 어이없네. 너 미쳤냐? 몰카로 도촬하는 게 무슨 영화야? 너 이거 범죄야

범죄. 정신 차려.

이때, 수진의 아들이 고개를 돌려 석훈을 바라본다.

아들　　아빠?

석훈과 아들의 눈이 마친다. 흠칫 놀라는 석훈.

수진　　오빠, 이제 꿈에서 깨어날 시간이야.

#11 카페 / 낮

꿈인지 생신지 혼란스러운 표정의 석훈.
누군가가 석훈의 어깨를 흔들며 아빠라고 부른다.

아들　　아빠. 미안해. 내가 아빠 보고 싶다고 해서. 많이 놀랐지?

석훈의 맞은편에는 수진이 석훈을 촬영하고 있다.
혼란스러운 와중에 아들의 얼굴을 빤히 바라보는 석훈.

측은한 마음에 눈시울이 붉어진다.
고개를 숙여 아들을 안아주는 석훈.

석훈   아니야. 아들. 아빠가 미안해.
         아빠도 네가 보고 싶었단다.

감동스러운 BGM 흘러나온다. 소형카메라를 들고 다가오는 수진. 두 남자의 모습을 클로즈업한다. 갑자기 태도를 돌변하여 수진의 가방을 빼앗는 석훈.
가방에서 소형카메라를 꺼내 부숴버린다.

석훈   방심했지? 얘가 내 아들인지 아닌지 내가 어떻게 알아? 에휴, 근본도 없이 무슨 이 따위 영화를 찍겠다고. 나 참.
         이제 카메라도 없는데, 영화는 어떻게 찍으려고?
         뭐 요새는 핸드폰으로도 영화 찍는다던데. 핸드폰으로 다시 찍어볼래?
수진   안 그래도 핸드폰으로도 찍고 있었어.
         왜 핸드폰으로는 영화 만들면 안 돼?

손님으로 보였던 사람들이 하나둘씩 일어서며 석훈에게 다가온다.

핸드폰 카메라로 석훈을 찍고 있던 손님이 보란 듯 석훈에게 더욱 가까이 다가온다.

석훈　　단체로 미쳤어. 무슨 핸드폰이랑 몰카로 영화를 만들어.
　　　　너희들은 지금 영화를 모욕하고 있어.
　　　　영화는 종합예술이라고.

이때 지금까지의 상황을 지켜보던 미영이 눈물을 글썽거리며 수진에게 다가온다.
석훈이 던져서 깨진 카메라를 집어 수진에게 돌려주는 미영.

미영　　수진씨... 저희 매장에 CCTV도 있어요. 필요하시면 있다가 파일 가져가세요. 그리고 이 영화 꼭 잘 완성하셨으면 좋겠어요. 이 영화 덕분에 저는 얼마나 저 인간이 쓰레기 같은 사람인지 알게 됐으니까요.

미영의 어깨를 토닥이며 위로하는 수진.

수진　　그럼요. 꼭 영화 잘 완성할게요.
석훈　　이따위 영화를 만드는 이유가 뭐야?
　　　　주제 의식도 메시지도 없는 영화에 도대체 무슨 의미

가 있냐고!

CCTV로 석훈이 발악하는 모습이 보인다.

수진   의미? 글쎄… 의미는 영화를 보는 관객이 판단할 문제지 않을까?

수진이 석훈, 미영, 아들의 얼굴을 바라본다. 당황스러운 표정의 석훈. 담담한 표정의 아들. 아직 충격이 가시지 않은 표정의 미영. 석훈이 실성한 듯 웃기 시작한다.

석훈   나 초상권 있어. 나 초상권 있다고.
　　　　난 이 영화에 내 초상권 도용되는 거
　　　　절대 용납 못 해.

다들 예상치 못한 말에 스탭들이 수진을 바라본다.

수진   초상권? 초상권 지켜줘야지.

석훈의 얼굴에 모자이크 처리가 된다.

석훈   으아아악! 이게 도대체 무슨 영화야. 이 근본 없는 새끼들아.

엔딩 타이틀   〈근본 없는 영화〉

엔딩 타이틀이 사라지고, 엔딩 크레딧이 근본 없이 오른쪽에서 왼쪽으로 흘러간다.
영화에 참여한 스텝들의 이름이 하나둘씩 나왔다가 사라진다.

#12 석훈의 고시원 / 낮

폐인이 된 듯 초췌한 표정의 석훈. 노트북으로 영화 재생을 멈춘다. 〈근본 없는 영화〉의 엔딩 크레딧이 멈춘다.

석훈   씨발. 이딴 영화가 진짜 배급이 되고 있다고?
이 영화가 영화제에 가면 내 손에 장을 지진다.

노트북을 세게 닫고, 화풀이하듯 책상의 물건들을 밀쳐버리는 석훈. 책상의 물건들이 방바닥에 내동댕이쳐진다. 잠시 후, 어디론가 전화를 걸기 시작하는 석훈.

석훈　　　네, 대표님. 저 이석훈 감독인데요. 아, 네. 예전에 대표님이 제 단편 영화 배급 맡아 주셨는데, 그때 감사 인사도 제대로 못 해서. 아, 그리고 다른 게 아니라 대표님 배급사에서 이번에 뭐더라, 그 근본 없는 영화인가 뭔가, 그 작품을 배급하기로 하셨다면서요.

진짜 엔딩 크레딧이 올라가기 시작한다.

석훈　　　그 작품 배급 안 하시는 게 어떨까 하고요. 재미있다고요?
　　　　　대표님, 영화는 재미가 중요한 게 아니잖아요. 재미요? 재미이?
　　　　　대표님. 한국 영화, 지금 위기라고요! 위기!

〈END〉

Part 4

단편 영화, 상상에서 현실이 되는 순간

01. 단편 영화 연출은 무엇일까?

 본 장부터 <근본 없는 영화>를 연출하며 어떤 고민을 했는지 작성하려고 한다. 사실 스스로가 훌륭한 감독님들에 비해 부족한 연출자임을 인지하고 있기에 굳이 이런 장을 만들어서 내 생각을 공유하는 게 의미가 있는지 모르겠다. 하지만 단편 영화 제작에 관심이 있는 분들 혹은 우리 영화 <근본 없는 영화>의 뒷이야기가 궁금하신 분들을 위해 어떤 생각으로 이번 영화 연출에 임했는지 그 고민을 조금 나눠보려 한다.

 나는 연출자로서 영화에 참여할 때마다 항상 이런 생각이 든다. 도대체 연출자 혹은 감독은 무슨 일을 하는 사람일까? 물론 사전적 정의는 알고 있다. 각본을 바탕으로 이야기를 어떻게 인상적으로 시각화시킬 건지 고민하는 역할이 연출이다. 그렇지만 조금만 더 생각해 보면 영화에서 시각화는 곧 전체 공정을 의미함을 깨닫게 된다. 영화는 1분 1초라도 시각화되지 않는 부분이 없다. 설사 검정 화면이나 화면 조정 화면이 나오더라도 그것은 연출자의 의도일 테니 말이다. 한마디로 연출자는 프로젝트 전체의 책임자라는 말인데 나에겐 너무 부담스러운 말이다. 영화에 모든 공정을 책임질만한 실력도 지식도 없다.

그래서 나는 연출자를 대학교 조별 과제의 조장이라고 생각한다. 물론 혼자서 자료수집하고 PPT 만들고 발표까지 하는 유능한 조장은 아니다. 팀원들의 좋은 아이디어를 낼 수 있는 환경을 만들고 결정을 위해서 여러 사람의 이견을 조율하는 진행자에 가깝다. 나는 이런 진행자 유형의 연출자인 게 부끄럽지는 않다. 약은 약사에게 진료는 의사에게라는 말이 있지 않은가. 내가 모르는 분야에서 똥고집을 부리는 것보다 전문가의 말을 경청하는 편이 영화의 퀄리티 향상에 도움이 된다고 믿는다.

그렇다면 연출자는 전문가와 소통만 잘하면 끝인가? 이

렇게 질문한다면 그것은 또 아니다. 적어도 연출자는 현장에 가기 전에 본인이 만드는 영화가 지향할 지점들을 확실히 정해야 한다고 생각한다. 단편 영화는 제작비가 넉넉지 않다. 이 말은 절대적인 촬영 시간이 부족하다는 말과 같다. 촬영장에서 시간은 곧 돈이다. 연출자가 현장에서 올바른 결정을 내리지 못하면 적게는 열 명 많게는 스무 명이 넘는 촬영장의 동료들이 무의미한 시간을 보내게 된다. 그렇기에 연출자는 시나리오를 영상으로 만드는 과정에서 꼭 필요한 연출적 특징을 사전에 정리할 필요가 있고 이 과정에서 전문가들의 도움을 받아야 한다고 생각한다. 다음 페이지부터는 내가 <근본 없는 영화>를 촬영하기 전에 전문가들의 도움을 받아 정리했던 연출 방향성에 관한 내용들이다.

02. 촬영 방식을 통한 연출

시각화에 있어서 가장 일반적이면서도 효과적인 방법의 하나는 대비다. 낮과 밤, 흰색과 검은색, 도시와 시골. 대비를 통한 연출 방식은 양쪽의 차이를 도드라지게 보여주면서도 각각의 특징도 잘 보여준다. 마치 우리가 블랙앤화이트 콘셉트의 옷을 보며 각 색상이 확실히 구별되면서도 한편으로 강조됨을 느끼는 것처럼 말이다.

나는 자영 작가님의 시나리오를 보며 이런 대비 효과가 우리 영화에 잘 어울린다고 생각했다. 우선 완전히 상극된 가치관을 따르고 있는 인물들이 그러했다. 영화의 근본을 추구하는 남자주인공 석훈과 주제 의식과 메시지 없이도 영화를 만들 수 있다고 믿는 여자주인공 수진.

또 시간과 공간의 대비가 두드러진다. 시나리오를 시간상으로 분석하면 석훈과 수진의 과거(석훈이 수진을 버리고 도망간), 그리고 현재(석훈이 수진에게 복수 당하는)의 이야기로 구분된다. 공간도 마찬가지다. 카페(수진이 석훈에게 복수하는 공간), 집(수진이 석훈에게 버림받은 공간) 두 공간은 이야기적으로나 공간의 성격으로서나 무척 대비된다. 나는 시간과 공간의 대비를 중점으로 영화를 연출해야겠다고 방향을 잡았고, 우선 인물들이 발붙이고 있는 공간을 중심적으로 대비되는 부분을 정리했다.

▧ 공간의 대비
- 카페 : 수진이 석훈에게 복수하는 공간. 핸드폰이나 조악한 캠코더로 영화를 만들 수 있다는 수진의 가치관이 잘 드러남.
- 집 : 석훈이 수진을 버린 공간. 영화를 위해서라면 도덕적 가치를 버릴 수 있다는 석훈의 왜곡된 가치관이 잘 드러남.

정리해 보니 카페에서는 수진이라는 인물의 특징이 잘 드러나고, 집에서는 석훈이라는 인물의 특징이 잘 드러남을 알 수 있었다. 두 공간의 촬영 방식을 다르게 가져가면 공간의 대비가 더 선명해지겠다고 생각했다. 이를 위해 나는 각 공간을 촬영하는 렌즈를 다르게 선택하기로 했다. 카페는 일반적으로 영화에서 잘 사용하지 않는 줌렌즈를 활용해 몰래카메라 형태의 동적인 촬영 방식을 사용해서 영화 촬영 형식에 얽매이지 않는 수진의 가치관을 잘 드러내고자 했다. 반대로 집은 단렌즈를 활용해 정적인 촬영 방식을 사용하여 전통적인 영화 촬영 형식에 집착하는 석훈의 가치관을 드러내고자 했다.

03. 화면 비율을 통한 연출

 렌즈와 촬영 방식을 통해 공간을 대비시켰다면, 이제는 영화에서 큰 줄기가 되는 석훈과 수진의 과거와 현재 이야기를 대비시켜 볼 차례. 마찬가지로 두 사람의 과거와 현재가 어떤 특징을 지니고 있는지 살펴보았다.

▓ 시간의 대비
 - 과거 : 수진은 석훈에게 버림받았고, 두 사람의 아이를 수진 혼자서 키웠다. 어떻게 아이를 키웠는지는 세밀하게 묘사되지 않지만 수진은 혼자서 아이를 키우는데 힘들었음이 분명하다. 석훈의 입장에서는 알고 싶지 않은 숨겨진 진실에 해당하는 이야기.
 - 현재 : 시나리오를 쓰겠다며 새로운 여자 친구에게 빌붙어 살고 있는 석훈에게 수진이 찾아오면서 석훈의 일상에

위기가 닥친다. 석훈은 수진이 가져온 시나리오를 통해 숨겨진 진실(석훈과 수진의 아이를 수진이 혼자 키웠음)을 알게 된다.

정리해 보니 시간의 대비에서 과거는 '숨겨진 진실', 현재는 '밝혀지는 진실'이라는 키워드로 정리할 수 있었다. 즉 시나리오를 석훈의 입장에서 바라보면 숨겨진 과거의 진실을 현재에 알게 되는 이야기였고, 수진의 입장에서는 혼자만 알고 있던 숨겨진 과거의 진실을 현재에 밝히는 이야기가 되는 셈이다.

나는 현재와 과거의 이야기를 대비시킬 방법으로 화면 비율을 통한 연출을 구상했다. 사실 이전의 나라면 절대 상상할 수 없는 방법이었다. 일반적으로 영화는 별다른 의도가 없으면 하나의 화면 비율을 사용한다. 왜일까? 생각해 보면 너무 당연해서 사실 이유조차 모른다. 텔레비전을 보고 있는데 갑자기 화면 비율이 잘려서 나온다? 이게 왜 이상한지 설명하기 어렵지만 우리는 당연히 방송사고임을 안다. 그렇지만 한편으로 생각해 보면 의도만 있다면 화면 비율이 변경되는 경우도 종종 있다. 예를 들어서 뉴스에서 과거의 영상자료를 인용하는 경우 과거 영상들은 일반적으로 4:3 비율의 포맷이기에 어쩔 수 없이 그대로 내보내는 경우가 많다. 방송국으로서는 일부러 4:3 화면 비율을 현재의 포맷인 16:9로 인위적으로 늘리기보다는 그 시대의 현장감을 살리기 4:3 화면 비율을 유지하는 게 기술적으로나 정서적으로 효과적이라 판단했을 것이다. 즉 의도나 이유만 있다면 굳이 하나의 비율을 사용할 필요가 없다는 하나의 예시다.

나는 수진의 과거 이야기 즉 숨겨진 진실에 해당하는 파트가 원래 영화의 화면 비율보다 더 좁아지길 원했다. 우리가 흔히 액자 속 사진을 보며 과거를 회상할 때, 그 기억들이 현재보다 작고 흐릿하게 떠올려지는 경우가 많다는 점에서 이 아이디어를 떠올렸다. 그리고 심지어 작은 집에서 혼자 아이를 키웠을 수진의 노고를 떠올려보면 시각적으로 답답하고 폐쇄적인 느낌으로 연출하는 것이 적합하다는 생각이 들었다.

그래서 우리 영화는 수진의 과거는 16:9로 촬영되었고 현재의 이야기는 2.39:1로 촬영되었다. 심지어 석훈이 과거의 이야기를 알게 되는 과정에서 화면 비율이 2.39:1에서 16:9로 실시간으로 변한다. 물론 이런 화면 비율의 변화를 잘 눈치채지 못하는 관객분들도 많겠지만 이러한 의도를 가지고 화면 비율을 통한 연출을 했다는 점을 소개하고자 한다.

04. 색감으로 완성된 장면

　걱정이 생겼다. 앞에서 자영 작가님이 말했다시피 우리 시나리오의 가장 특징 중 하나는 미드포인트에서 현실 속 인물들이 가상 세계(시나리오 속 세계)로 들어간다는 점이다. 문제는 시각적으로 인물들이 확실한 장치(예: 요술램프나 차원문)를 통해서 가상 세계로 들어가는 게 아니라 컷이 바뀜과 동시에 인물들이 가상 세계로 이동하게 된다는 점이다. 물론 미드포인트에서의 재밌는 반전이고 의도도 기발하지만 인물들이 현실 세계와 시나리오 속 세계가 혼재된 공간에 발 딛고 있다는 점을 어떻게 표현하면 좋을지 고민스러웠다.

　고민을 해결할 방법은 결국 영화를 촬영하는 내내 찾지 못했다. 사실 어느 정도 포기했다고 표현하는 게 맞을 것 같다. 하지만 후반작업 과정에서 어느 정도 실마리를 포착했다.

물론 함께한 색 보정 감독님의 아이디어 덕분이었다.

색보정 감독님의 아이디어는 이렇다. 먼저 현실(카페)은 디지털 느낌, 과거는 필름 느낌(시나리오 속)으로 색을 표현한다. 그다음 현실과 시나리오 안이 혼재된 상황에서는 인물들이 어느 세계를 기반으로 대사를 하고 있나에 따라서 그때그때 색감을 다르게 표현한다. 한마디로 극이 진행되는 와중에 화면 비율이 바뀌는 것처럼 색감도 이야기의 흐름에 따라 실시간으로 바꿔보자는 아이디어였다. 처음에는 색감이 시시각각 변한다는 게 너무 부자연스러워 보일까 걱정했는데 실제로 작업을 해놓고 보니 의외로 자연스러워서 놀라웠다. 현실과 가상이 혼재된 공간이 잘 표현된 것 같아 만족스러웠다.

영화를 잘 살펴보면 미드포인트 이후로 디지털 느낌의 컷들과 필름 느낌의 컷들이 공존함을 알 수 있을 것이다. 심지어 한 컷 내에서도 그 느낌이 색 보정을 통해 변하기도 한다. 엄청 중요한 연출 포인트는 아니지만 깨알 같은 뒷이야기를 통해 색감을 통해서 연출할 수 있음을 알리고 싶었다.

05. 펀딩 : 영화의 날개를 달다

어느덧 촬영이 끝났다. 하지만 새로운 과제가 생겼다. 생각보다 촬영 단계에서 지출을 많이 하는 바람에 후반작업을 할 비용이 부족한 게 문제. 단편 영화를 제작하면서 매 순간 드는 생각이지만 단편 영화는 정말 제작비와의 전쟁 같다. 제작 지원 사업을 받고 예산을 꼼꼼하게 짜더라도 항상 변수가 존재한다. 촬영이 지연된다든지, 로케이션 대여 비용이 예상보다 비싸다든지, 필요한 장비가 추가된다든지. 어쩌면 함께 일하는 사람들이 다치지 않고 무사히 촬영이 종료된 것만 해도 감사한 일이다.

단편영화를 제작하는 많은 이가 그러하겠지만 처음에 우리도 후반작업의 규모를 줄이려고 했다. 음악, 믹싱, D.I, CG, 번역 과정을 최대한 우리가 직접 하거나 아예 그 과정을 생략

하려고 했다. 그러던 어느 날, 윤우 감독님의 지인으로부터 펀딩을 진행하는 게 어떻겠냐는 말을 들었다. 감독님의 첫 반응은 회의적이었다. 과연 단편 영화에 펀딩하고 싶어 하는 사람들이 있을까? 당연히 나는 단편 영화도 펀딩도 경험이 없다 보니 역시 쉽지 않을 일이겠거니 하며 펀딩을 시도하려는 생각을 접었다.

하지만 어느 날 전화로 엄마와 펀딩에 대해 이야기를 나누다 생각이 바뀌었다. 나는 엄마에게 펀딩을 하더라도 돈이 모이지 않아서 실패할 게 두렵다고 말했다. 그러자 엄마는 펀딩의 본질이 돈보다는 프로젝트 홍보지 않냐며 반문했다. 어차피 후원받든 안 받든 여기까지 왔으면 영화를 완성할 수 있는 건 기정사실. 꼭 목표 금액을 달성하지 않더라도 펀딩을 통해 내가 만들고 있는 영화를 누군가에게 소개할 기회를 생긴다면 안 할 이유가 없어 보인다고 말씀하셨다.

듣고 보니 맞는 엄마 말이 옳다는 생각이 들었다. 자기 PR이 중요한 시대에 살고 있다는 말이 있다. 이력서든 SNS든 자신을 누군가에게 알리는 일은 창작자로서 중요한 행동이다. 펀딩을 통해 주변 사람들에게 나의 근황을 알리고 내 작품을 소개할 수 있다면 굳이 도전하지 않을 이유가 없다. 다만 조금의 용기와 수고로움이 필요하긴 했다. 펀딩에 필요한 서류, 작품 소개 영상, 굿즈를 만들어야 했고, 펀딩 홍보를 위해 주변 지인들에게 연락을 돌렸다. 평소 연락이 뜸했던 지인들에게도 마찬가지. 이런 경우에는 마치 오래간만에 연락해서 온라인 청첩장을 돌리는 신부가 된 기분이었다. 지인들에게 연락을 돌리면서 한편으로 그들이 날 부정적으로 바라보진 않을까 걱정이 된 것도 사실이다.

다행히 걱정과 달리 지인들의 반응이 긍정적이었다. 적극적으로 펀딩에 동참하는 이들도 많았고, 펀딩에 참여하지는 않지만 응원의 목소리를 전해주는 이들도 있었다. 펀딩에 도전하길 잘했다는 생각이 들었다. 펀딩이라는 기회를 통해 가까운 사람들에게 격려받고 잊고 있던 사람들과는 다시 소통할 수 있어서 말이다. 감사하게도 우리는 300만 원이라는 후원 금액을 달성할 수 있었다. 심지어 지인이 아닌 후원자분들도 꽤 계셨다. 배우의 팬들, 단편 영화를 좋아하시는 분들, 우연히 관심을 가지고 참여하신 분들. 이 책을 빌려 모든 분에게 감사함을 전한다. 덕분에 우리 영화가 완성도 높게 세상 밖으로 나갈 수 있었다.

06. 배급 : 관객을 만나는 마지막 단계

윤 우

"단편 영화는 영화제에 못 가면 관객을 만날 기회가 없다." 우리 시나리오에 나오는 대사다. 내가 학부 시절에 입버릇처럼 하던 말이기도 하다. 지금에 와서 이 말을 돌이켜보면 절반은 맞고 절반은 틀린 말이라고 생각한다. 꼭 영화제에 초청받지 못하더라도 최근에는 단편 영화가 관객을 만날 기회의 장이 더 많아진 듯 보인다. 단편 영화 같은 숏폼 콘텐츠를 전문적으로 송출하는 플랫폼도 늘어났고, 구독형 OTT 플랫폼에서도 단편 영화를 상영한다. 유튜브, 비메오 같은 영상 플랫폼을 통해 단편 영화를 송출하는 것도 방법이다.

이렇듯 단편 영화의 배급 방식은 다양하겠지만 나는 먼저 단편 영화 배급사를 통한 영화 배급을 시도하길 추천한다. 우리가 일반적으로 생각하는 것보다 국내로 한정하더라도 영화제의 숫자는 꽤 많다. 한해마다 새로운 영화제들이 생겨나고 중단되었던 영화제가 다시 운영을 시작하는 예도 있다. 모든 정보를 개인이 다 파악하기란 불가능에 가깝기에 전문적인 배급사가 필요하다. 내가 알고 있는 배급사만 해도 호우주의보, 센트럴파크, 인디스토리, 필름다빈 등 다양하다.

또한 배급사를 통하면 더 다양한 방식으로 영화를 활용할 기회가 생긴다. 한국영상자료원 같은 공공기관에 영화의 판권을 판매한다든지, KBS 독립영화관 같은 방송국 프로그램을 통해 영화를 방영한다든지, 왓챠 혹은 단편 영화 전문 플랫폼을 통해 송출하던지. 개인도 시도할 수는 있겠지만 배급사의 도움을 받으면 더 여러 방식의 영화 배급이 가능해진다.

물론 배급사를 통해서 영화를 배급하게 되면 상금, 상영료 등에 대한 수익을 공유해야 한다. 일반적으로 감독과 배급사가 6:4, 7:3 정도의 수익 공유를 하게 되는데 언뜻 생각하면 배급사가 가져가는 수익이 크게 느껴질 수도 있다. 하지만 내 영화가 더 많은 관객을 만날 수 있고 세상에 더 많이 노출될 기회비용으로 생각한다면 적어도 그리 중요한 문제는 아니다. 오히려 자본주의적인 관점에서 돈이 되지 않는 단편 영화를 불철주야 어딘가에 알리려고 노력하는 배급사에 감사할 따름이다.

배급사를 통하지 않은 단편 영화 배급이 안 좋다고 이야기하려는 것은 아니다. 나는 모든 단편 영화는 각각의 매력과 잠재력을 지니고 있다고 믿고 그 가치들이 세상에 발현되길 바란다. 힘들게 영화를 만들었지만 내 영화를 어떻게 알려야 할지 모르는 분들께 도움이 되었으면 하는 바람으로 배급사와 관련된 이야기를 나눈 것이다.

전공은 안 했지만,
영화는 만들었습니다

초판 1쇄 펴낸 날   2024년 12월 13일

기획	하비프러너
제작지원	경기도 콘텐츠진흥원
글	허자영 박윤우
디자인	김수진
교정교열	김이재

펴낸곳	하비프러너
출판등록	제2024-000079
ISBN	979-11-989517-0-0 (03680)

* 이 책은 저작권법에 따라 보호받는 저작물이므로 무단 전재와 무단 복제를 금지합니다.
  이를 위반할 경우 법적 책임을 질 수 있습니다.